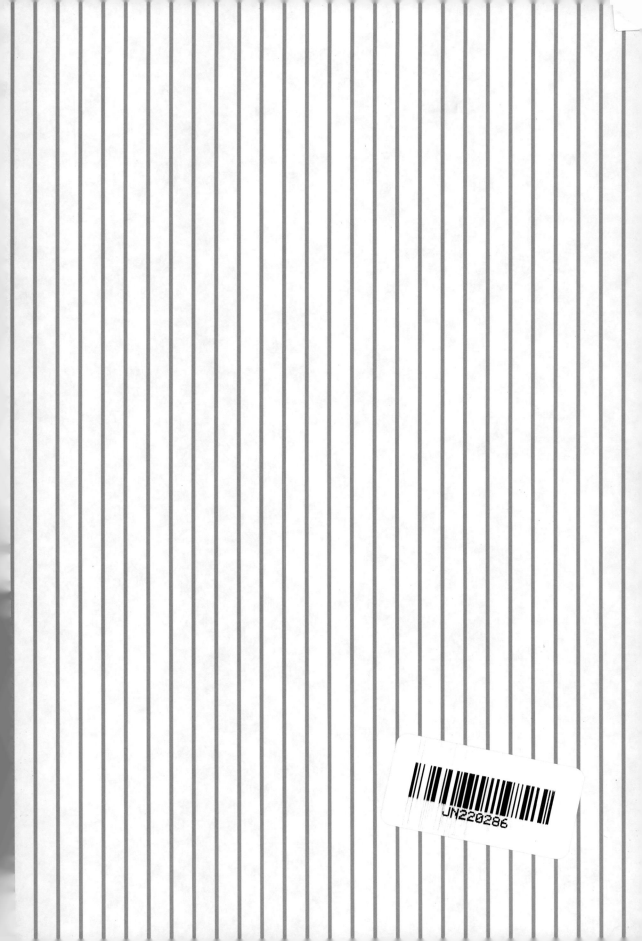

新 版
食感で生地を選ぶ

Roll Cake
ロールケーキ

福田淳子

ROLL CAKE
Prologue

私はロールケーキが大好きです。そして夫も大好き。
我が家にいらしたお客様にも、
おもたせで持っていった先でもロールケーキは大人気。
大人も子供も、男性も女性もみんな大好き。

この親しみやすさがロールケーキの最大の魅力ではないでしょうか。

ロールケーキの基本はとてもシンプルです。
材料も道具もそう多くを必要としませんし、作り方もポイントを押さえれば意外とかんたんです。
けれど、粉と卵と砂糖からなる「生地」と「クリーム」の組み合わせは無限大！
生地は、作り方や材料の配合の違いで、しっとりした生地からふんわりした生地、
もっちりな生地、どっしりな生地などなど、いろいろと作れます。
巻き込むクリームだって、季節のフルーツを混ぜ込んだり、
ちょっぴり和風にしてみたりと、それこそ言い出したらきりがありません。
基本がシンプルだからこそ、作るひとのアイディアが取り入れやすいのだと思うのです。
それは仕上げにいたっても同じです。ただ巻いただけの「の」の字の姿も愛らしいし、
周りにクリームやフルーツをあしらえば、あっという間に豪華なおもてなしスウィーツに変身します。

本書をご覧になって、みんなから愛される
あなただけのロールケーキをぜひ作ってほしいと思います。
「おうちで作るロールケーキが1番」そんなふうに言われたら、私も幸せです。

福田 淳子

CONTENTS

2 **Prologue** はじめに
4 この本の楽しみ方
6 ロールケーキを作る前に
8 本書の使い方

column
40 1. ロールケーキの保存
78 2. ロールケーキのラッピング

---

9 **PART 1** 食感違いで生地を楽しむ基本の7つのロールケーキ

作り方で
10 しっとり、なめらかロール 《♥1：共立て生地》
14 ふんわり、ふかふかロール 《♥2：別立て生地》
18 しっとり、もっちりロール 《♥3：シフォン生地》
22 さっくり、かろやかロール 《♥4：ビスキュイ生地》
26 どっしり、つややかロール 《♥5：スフレ生地》

材料で
30 香り豊かな、こっくりロール 《♥6：アーモンド生地》
34 しっとり、ほろほロール 《♥7：ショコラ生地》
39 MORE ARRANGE 《食感をとにかくもちもちにしたいときは…》

---

41 **PART 2** 生地とクリームのマリアージュを楽しむ定番ロールとアレンジロール

定番ロール
42 いちご いちごのカスタードロール／いちごクリームのショコラロール
44 フルーツ ビスキュイのフルーツロール／練乳クリームのふんわりフルーツロール
46 カフェ カラメルカフェとくるみのロール／洋梨とカフェクリームのプリンロール
48 抹茶 ダブル抹茶のガナッシュロール／抹茶スフレの小豆クリームロール
50 ブッシュ・ド・ノエル
　　　　フロマージュとベリーの白いブッシュ・ド・ノエル
　　　　豆腐チョコクリームの黒いブッシュ・ド・ノエル

アレンジロール
54 ピーチメルバロール
56 マンゴープリンロール
58 キャラメルアップルロール
60 ティラミスロール
61 チャイロール
62 豆腐と小豆のもちもちロール
64 きなこと黒蜜のロール
66 モンブランロール
68 ココア生地のダークチェリーロール
70 バラの乙女ロール
71 桜といちごの白あんロール
72 スイートポテトロール
74 にんじんとチーズクリームのスパイスロール
76 白いロールケーキ

---

79 **PART 3** ロールケーキの生地を使って楽しむアレンジスウィーツ

80 バナナオムレツ
82 キウイフルーツのヨーグルトシャルロット
84 スコップケーキ
85 ロールケーキのドームアイス
86 プレゼントケーキ

この本の楽しみ方

この本では、まずはロールケーキの生地を味わってもらうため、
生地の作り方から始めています。
もちろん、「おいしそう!」と思ったレシピから始めてもかまいませんが、
最初に生地作りをマスターしておくと失敗がありません。
おすすめしたい、この本の楽しみ方を紹介します。

PART 1 で、
生地を味わう・生地作りをマスターする

しっとりなめらか、ふんわりふかふか…。
ひとによって好きな生地の食感、風味は
違います。
この本では、たくさんの方に自分好みの
ロールケーキを作ってもらうため、作り
方や材料の配合によって、食感や風味に
違いを出したたくさんのプレーンロール
を紹介しています。
どのロールケーキも作り方を丁寧に追っ
ているので、まずは右から好きなものを
1つ選んで作ってみましょう。ロール
ケーキは、ポイントさえ押さえれば意外
とかんたんです。何種類か焼いているう
ちに、自分の好きな生地の食感、作り方
のこつがつかめてくると思います。

好きな食感のタイプ	おすすめの生地 (作り方ページ)
✣ しっとり、なめらか	→ 共立て生地 (p.10)
✣ ふんわり、ふかふか	→ 別立て生地 (p.14)
✣ しっとり、もっちり	→ シフォン生地 (p.18)
✣ さっくり、かろやか	→ ビスキュイ生地 (p.22)
✣ どっしり、つややか	→ スフレ生地 (p.26)
✣ 香り高い、こっくり	→ アーモンド生地 (p.30)
✣ しっとり、ほろほろ + チョコレート	→ ショコラ生地 (p.34)

PART 2 で、
生地×クリームの組み合わせを楽しむ

生地の作り方をマスターしたら、今度はクリームやフィリングにこだわって、生地とのマリアージュを楽しみましょう。
基本的に、PART 1 で作り方を紹介した 7 つの生地と、それと相性のよいクリーム、フィリングでレシピを紹介していますが、もちろん好みの生地に変えて作っても OK。それぞれのページに作り方をかんたんにのせているので、基本の生地作りをマスターしたひとならば難しくないと思います。
ただし、作り方に迷ったら PART 1 に戻って写真で確認してから進めてくださいね。下に一例をのせていますが、みんなが大好きな定番ロールとちょっと変わったアレンジロールの 2 タイプを紹介しています。

組み合せ例	おすすめロール（作り方ページ）
❖ 別立て生地 × アイスクリーム	→ ピーチメルバロール　（p.54）
❖ ビスキュイ生地 × マンゴークリーム	→ マンゴープリンロール　（p.56）
❖ ショコラ生地 × ティラミスクリーム	→ ティラミスロール　（p.60）
❖ 共立て生地 × スパイスバタークリーム	→ チャイロール　（p.61）

…etc.

PART 3 で、
ロールケーキをアレンジして楽しむ

せっかくロールケーキの生地作りをマスターしたならば、ロールケーキだけではなく、できることならいろいろなお菓子に活用したいもの。
ロールケーキの生地はロールケーキにしか使えないのでは？と思っているかもしれませんが、実はいろいろなお菓子にアレンジできる、便利な生地です。ここでは、そんなアレンジスウィーツを紹介します。ロールケーキの生地を使って焼き方を変えたスウィーツと、あらかじめ焼いておいたロールケーキの生地を使って作るスウィーツの 2 タイプのラインナップです。

ロールケーキを作る前に

ロールケーキに使う道具、材料など、
ロールケーキを作り始める前に知っておいてほしいことがいくつかあります。
まずはここを読んで、しっかり準備してから作り始めましょう。
下準備として必ず行なう、天板（型）にオーブンシートを敷く方法も紹介します。

道具について

✣ 生地を作る

生地作りに最低限必要な道具です。

【材料を量る】 スケール、計量カップ、計量スプーン
【粉をふるう】 ざる（粉ふるい）
【材料を混ぜる】
　ボウル、泡立て器、ハンドミキサー、ゴムベラ
　＊ボウルは、ゆせんしたり、卵白を別に泡立てたりするため、大きなもの（口径25～30cm）を2～3個、副材料を計量するために小さいもの（口径15cmぐらい）を用意しましょう

【天板に生地を入れる】
　カード、絞り袋と直径1cmの丸口金（ビスキュイ生地の場合）
　＊カードは、天板に入れた生地の表面をならしたり、隅まで生地をいきわたらせるためにあると便利です

＊写真にはありませんが、クリームを塗るパレットナイフもあると便利です。ただし、ゴムベラで代用できるので、わざわざ用意する必要はありません

✣ 生地を焼く、ロールする

生地を作ったあと、焼いたり、巻いたりするときに必要な道具です。

【生地を焼く】 天板、オーブンシート
　＊本書では天板は内寸29×29cm×高さ2cm（上部）のもの（底部は26.5×26.5cm／cuoca→入手先P88）を使用していますが、オーブンに付属している天板でもよいでしょう

【生地を冷ます】 ケーキクーラー、ラップ
　＊ケーキクーラーがない場合は、新聞紙を重ねてラップをかけて代用してもOKです
　＊ロールケーキの生地のように薄いスポンジは乾燥しやすいので、ラップは必須です

【ロールする、カットする】 定規（30～50cm）、ナイフ
　＊巻き終わりに定規を使うと、きゅっとしまってきれいなロールケーキができます
　＊ロールケーキをカットするものは、包丁でも大丈夫です

Ingredients

材料について

✢ 生地を作る

シンプルなロールケーキの場合、特別な材料はいりません。基本的に生地は、薄力粉、砂糖（本書では上白糖を使っています）、卵の3つ。ほかに、牛乳やバター、植物油が入るものがあります。クリームは、シンプルなものであれば生クリームがあれば十分です。レシピによっては、カスタードクリームやバタークリーム、豆乳クリームなどいろいろなクリームが登場しますので、そのつど材料を用意する必要がありますが、「クリームの材料が何もない！」なんていうときは、ジャムだけ塗って巻いても、生地そのものの風味が味わえて十分おいしいロールになりますよ。

オーブンシートの敷き方

天板には必ずオーブンシートを敷いて生地を入れます。生地を作り始める前に、必ず用意しておきましょう。

1  天板のサイズよりひと回り大きいサイズにオーブンシートをカットする。

2  天板の底に合わせて4辺を折り、しっかりくせをつける。

3  折り目をつけたものを一度開き、四隅に1本ずつ切り込みを入れる。

4  切込みを入れた長い辺の方を外側に折り込むようにして立ち上げる。

RULE

本書の使い方

- 大さじ 1 は 15ml、小さじ 1 は 5 ml です。
- 卵は L サイズを、バターは塩分不使用バターを使っています。
- オーブンの温度や時間はガスオーブンを使用したときの目安です。電気オーブンの場合は温度を 10 度高く設定してください。ただし機種によって違いがあるので、あくまで目安として調節してください。また、オーブンは必ず表記の温度に予熱して使ってください。
- 天板は、29 × 29cm ×高さ 2 cm（上部）のものを使用していますが、28 〜 30cm 角のものなら、同じ分量で作れます。
- チョコレートは製菓用チョコレートを使用していますが、板チョコでもおいしくできます。
- 材料にある植物油は、サラダ油でも菜種油でも大丈夫です。また、オリーブオイルやグレープシードオイル、ごま油などでも作れます。
- 特に記載がない限り、材料の分量は、上記の天板を使って作ったロールケーキ 1 本分です。

PART 1
7 Basic Roll Cake

食感違いで生地を楽しむ
基本の7つのロールケーキ

プレーンなロールケーキといっても、
しっとりした生地からふわふわの生地、もっちりとした生地など、
食感や生地の風味にこだわれば、その種類はいっぱい。
ここでは、作り方でその違いを出したレシピと
材料でその違いを出したレシピの2つに分けて
いろいろなプレーンロールケーキを紹介しています。
どのロールケーキも、プロセスを丁寧に追って紹介しているので失敗なく作れるはず。
まずはこの基本から焼いてみて、お気に入りの生地を見つけてください。

作り方で

ほとんど同じ材料でも、作り方が違うだけで生地の食感や味わいに違いがでます。ここでは5種類の方法を紹介していきます。

しっとり、なめらかロール

❤1 共立て生地

卵黄と卵白に分けずに、全卵を一緒に泡立てて作る共立て生地は、
キメが細かく、しっとりなめらかに焼き上がります。
重すぎず軽すぎない、バランスのいい生地には、
こくのあるガナッシュクリームを合わせて。
シンプルですが、食べ飽きないベーシックなタイプです。

材料				下準備
❤共立て生地		♣クリーム 〔ガナッシュクリーム〕		・天板にオーブンシートを敷いておく（→p.7）
・卵	3個	・生クリーム	120ml	・オーブンは190度に予熱しておく
・上白糖	70g	・ホワイトチョコレート	40g	・薄力粉はふるっておく
・牛乳	大さじ2			・ホワイトチョコレートは細かく刻んでおく
・薄力粉	50g			（タブレットタイプなら必要ない）

しっとり、なめらかロール
共立て生地 ❶

♥ 生地を作る

1 ボウルに卵と上白糖を入れて湯せんにかけ、ハンドミキサーで泡立てる。

2 ひと肌になったら湯せんをはずし、さらに角が立つまでしっかり泡立てる。

a ✥卵は泡立てるとかさが増えるので、ボウルは大きめのものを
　✥卵は温めると泡立ちやすくなるが、温度が高すぎると固まってしまうので注意。湯せんの湯の温度の目安は60度
b ✥このぐらい泡立ててきたら一度温度を確認。ひと肌まで温まっていたら次の工程へ

a ✥ここでしっかり泡立てるのがおいしい生地を作るポイント
b ✥泡立て器ですくってみて、泡立て器の中に一瞬くぐもってから生地が落ちるくらいになっていたらOK

3 牛乳を加えて泡立て器でよく混ぜる。

4 薄力粉を2回に分けて加え、そのつど全体をしっかり混ぜ合わせる。

a ✥一度に入れるとうまく混ざらないので、必ず2回に分けて加える
b ✥生地の量に対して粉の量が少ないので、泡立て器でぐるぐると混ぜ合わせてOK。しっかり混ぜ合わせて均一な状態にする
c ✥写真のように生地の状態が均一になったらOK。ここでしっかり混ぜ合わせることで大きな気泡がつぶされ、焼き上がりがなめらかに

5 天板に流し入れてカードで均一にならす。

6 190度のオーブンで12分焼く。

a ✥この生地は油脂入りの生地と違い、焼いても広がっていかないので、きちんと隅までカードでならす
　✥四隅の角はカードのへりを使うと端までしっかり生地がいきわたる

7 生地の表面がきつね色になり、触ってみて弾力があれば焼き上がり。

8 天板から出してケーキクーラーの上にのせ、乾燥しないようにして冷ます。

✣焼きたりないとベチャッと、逆に焼きすぎると生地が乾燥して割れやすくなる。何度か焼いてみると、触った感じでわかる

a ✣ここでは焼き色のついていない面を外側（=内巻き）にするが、オーブンシートをつけたまま冷ますと生地にしわができて見た目が悪くなるので、ラップを敷いたケーキクーラーの上に焼き色がついていない面を上にしてのせ、シートをはがす

b ✣はがしたオーブンシートをかぶせて冷ます

✣内巻き、外巻きはどちらでも好みでOK
（外巻きにしたい場合→p.16の**9**）

✣薄い生地は乾燥しやすいので、そのまま放っておかないこと

ケーキクーラーがないときは…
ケーキクーラーがない場合は、新聞紙の上に置いて冷ましてもOK。何枚か重ねた新聞紙の上にラップを敷いて生地をのせ、同じように乾燥しないようにしておきます。

♣ ガナッシュクリームを作る

1 小鍋に生クリームを入れて火にかけ、沸騰したらチョコレートを加えて溶かす。

2 完全に溶けたら氷水に鍋をつけて冷やし、粗熱が取れたら冷蔵庫でしっかり冷やす。

3 **2**をボウルに移し、氷水で底を冷やしながら角が立つまでしっかり泡立てる。

a ✣油分が多いため分離しやすいので、必ず氷水で冷やしながら泡立てること

b ✣クリームがゆるいと、ロールしたときにサイドからはみ出るのでしっかりと泡立てる。ただし、泡立てすぎても分離するので注意

12

しっとり、なめらかロール
共立て生地

◆ ロールする

1 生地にガナッシュクリームを塗り、手前からくるくると巻いていく。
- **a** ❖ オーブンシートの上に、生地の焼き色のついている面を上にしてのせ、奥の2〜3cmは避けて塗る
- **b** ❖ ロールケーキは巻き始めが大切。最初に、手前を中に巻き込んで芯となるものを作るときれいにできる
- **c** ❖ あとはシートを持ち上げながら奥に転がすようにして巻いていく

2 巻き終わったらしめて形をととのえる。
- **d** ❖ まずは手でやさしく押さえて形をととのえる
- **e** ❖ 30cmぐらいの定規があれば、きっちりしめられる。巻き終わりに差し込んで、シートを引っぱりながら、定規は手前に押す

3 ラップでしっかりと包み、巻き終わりを下にして冷蔵庫で1〜2時間冷やす。

❖ しっかり冷やすことで生地とクリームがなじみ、形がととのう

4 お湯で温めた包丁で切っていただく。

❖ まずは端を切る。1回切るごとに包丁を温め、水気をふいてから切ると断面がきれい。湯を入れておく耐熱の長細い容器がなければ牛乳パックでも

13

ふんわり、ふかふかロール

♣2 別立て生地

卵白を泡立てて作ったメレンゲを卵黄と合わせて作る別立て生地は、
ふかふかと厚みのある焼き上がり。
生地の口当たりが軽いので、シロップやクリームがなじみやすく、
"生ロール"など、生クリームをたっぷり巻き込むにはこの生地がぴったりです。
また、泡がつぶれにくいので、ココアなど油分が多いものを加えても
泡が消えずに、ふんわりと焼き上がります。

材料				
♥別立て生地		♣クリーム 〔生クリーム〕		
・卵黄・卵白	各3個分	・生クリーム	400ml	
・上白糖	70g	・上白糖	大さじ3	
・牛乳	大さじ1	※生クリームをたっぷりと巻くので、		
・薄力粉	50g	脂肪分が37〜40％くらいのあっさり		
		とした軽いクリームがおすすめ		

下準備
・天板にオーブンシートを敷いておく（→p.7）
・オーブンは190度に予熱しておく
・薄力粉はふるっておく

ふんわり、ふかふかロール
別立て生地

♥ 生地を作る

1 ボウルに卵黄と上白糖半量を入れ、ハンドミキサーで白っぽくなるまで混ぜる。

2 牛乳を加えてゴムベラでよく混ぜる。

a ❖ ここで卵黄をしっかり混ぜておくと、卵白と合わせるときになじみがよく、ふわふわの焼き上がりに
b ❖ このくらい白っぽくなるまでしっかりと混ぜる

3 別のボウルに卵白を入れてハンドミキサーで泡立て、残りの上白糖を加えて角が立つまでしっかり泡立てる（＝メレンゲを作る）。

NG!

a ❖ まずは卵白だけを泡立てる。砂糖を加えると粘りがでてしまうので、最初は卵白だけ
b ❖ このくらい泡立ってきたら、残りの上白糖の半量を加えて泡立てる。一気に全量加えると粘りの原因になるので注意
c ❖ さらに泡立てたら残りの上白糖を全部加えて、角が立つまでしっかり泡立てる。写真のようにキメが細かくなり、つやがでてきたらメレンゲの完成

❖ しっかり泡立てるのがポイントですが、写真のようにぼそぼそになるまで泡立てるのはやりすぎです

4 2に3のメレンゲを加えて、ゴムベラでしっかり混ぜ合わせる。

a ❖ 一度に入れるとうまく混ざらないので、まずはメレンゲを1/3量だけ加える
b ❖ ここではしっかりぐるぐると混ぜてOK。しっかり混ぜて生地をなめらかにすることで、残りのメレンゲが混ざりやすくなる
c ❖ しっかり混ざり合ったら、残りのメレンゲをすべて加えて泡をつぶさないように手早くムラなく混ぜる
d ❖ 最後にボウルの底からさっくりと大きく混ぜ合わせて生地を均一な状態にする

5 薄力粉を2回に分けて加え、そのつど全体をしっかり混ぜ合わせる。

a ❖一度に入れるとうまく混ざらないので、必ず2回に分けて加える
　　❖生地の量に対して粉の量が少ないので、ぐるぐると混ぜ合わせてOK
b ❖最後にボウルの底からさっくりと大きく混ぜ合わせて生地を均一な状態にする
c ❖写真のようにムラなく粉が均一に混ざり合えば生地の完成

6 天板に流し入れてカードで均一にならす。　　**7** 190度のオーブンで12分焼く。

a ❖この生地は油脂入りの生地と違い、焼いても広がってい
　　　かないので、きちんと隅までカードでならす
　　❖四隅の角はカードのへりを使うと端までしっかり生地がい
　　　きわたる

8 生地の表面がきつね色になり、　　**9** 天板から出してケーキクーラーの上にのせ、
　　触ってみて弾力があれば焼き上がり。　　　乾燥しないようにして冷ます。

a ❖ここでは焼き色のついている面を外側(＝外巻き)にするの
　　で、オーブンシートをつけたまま、焼き色のついている面を
　　上にしてケーキクーラーにのせる
　❖ケーキクーラーがない場合は、新聞紙でも(→p.12)
b ❖粗熱が取れたら、オーブンシートをかぶせてラップでおおう

❖焼きたりないとベチャッと、逆に焼きすぎると生地が乾燥　　❖内巻き、外巻きはどちらでも好みでOK
　して割れやすくなる。何度か焼いてみると、触った感じで　　　(内巻きにしたい場合→p.12の**8**)
　わかる　　　　　　　　　　　　　　　　　　　　　　　❖薄い生地は乾燥しやすいので、そのまま放っておかないこと

ふんわり、ふかふかロール ❷
別立て生地

♣ 生クリームを泡立てる

1 ボウルに生クリームと上白糖を入れ、氷水で底を冷やしながら角が立つまでしっかり泡立てる。

- **a** ❖氷水で冷やしながら泡立てることでつややかなクリームに
- **b** ❖このくらいではまだ不十分。クリームがゆるいと、ロールしたときにサイドからはみ出るのでもう少し泡立てる
- **c** ❖写真のようにしっかり泡立てたら完成。ただし、泡立てすぎても分離するので注意

◆ ロールする

1 生地に生クリームを塗り、手前から一気にひと巻きする。
- **a** ❖オーブンシートの上に、生地の焼き色のついていない面を上にしてのせ、奥と両端の2～3cmは避けて塗る。
- ❖ほかのロールと比べてクリーム量が多いので、両端もあけておかないとサイドからもれてしまう
- **b, c** ❖シートごと手前を持ち上げて、一息に奥まで生地を持ち上げるようにして巻く
- ❖サイドからはみ出ても気にせずに作業を進める

2 巻き終わったらしめて形をととのえる。
- **d** ❖まずは手でやさしく押さえて形をととのえる
- **e** ❖30cmぐらいの定規があれば、きっちりしめられる。巻き終わりに差し込んで、シートを引っぱりながら、定規は手前に押す

3 ラップでしっかりと包み、巻き終わりを下にして冷蔵庫で1～2時間冷やす。

❖しっかり冷やすことで生地とクリームがなじみ、形がととのう

4 お湯で温めた包丁で切っていただく。

❖まずは端を切る。1回切るごとに包丁を温め、水気をふいてから切ると断面がきれい。湯を入れておく耐熱の長細い容器がなければ牛乳パックでも

しっとり、もっちりロール

シフォン生地

シフォンケーキを天板で薄く焼き上げた
イメージのシフォン生地は、ふわふわだけどしっとりとしていて、
引きのあるもっちりした食感です。
植物油が入っているので、生地がやぶれにくく巻きやすいのも特長。
初心者の方にもおすすめな生地です。
クリームは豆乳クリームにしましたが、生クリームともよく合います。

材料					下準備
♥シフォン生地		♣クリーム	〔豆乳クリーム〕		・天板にオーブンシートを
・卵黄・卵白	各3個分	・豆乳クリーム	200ml		敷いておく（→p.7）
・上白糖	60g	・きび砂糖	大さじ1		・オーブンは190度に予熱しておく
・植物油	30ml				・薄力粉はふるっておく
・水	40ml				
・薄力粉	60g				

しっとり、もっちりロール
シフォン生地 ③

♥ 生地を作る

1 ボウルに卵黄と上白糖1/3量を入れて泡立て器で混ぜ、油、水を順に加えてそのつど混ぜる。

a ✤このくらいよく混ざったら油を加える。白っぽくなるまで混ぜる必要はない
b ✤よく混ぜたら、次に水を加えてさらに混ぜる
c ✤しっかり混ぜてこのような状態になればOK

2 薄力粉を加え、全体をしっかり混ぜ合わせる。

a ✤生地の量に対して粉の量が少ないので、ぐるぐると混ぜ合わせてOK。
　しっかり混ぜ合わせて均一な状態にする

3 別のボウルに卵白を入れてハンドミキサーで泡立て、
　残りの上白糖を加えて角が立つまでしっかり泡立てる（＝メレンゲを作る）。　　NG!

a ✤まずは卵白だけを泡立てる。砂糖を加えると粘りがでてしまうので、最初は卵白だけ
b ✤このくらい泡立ってきたら、残りの上白糖の半量を加えて泡立てる。一気に全量加えると
　粘りの原因になるので注意
c ✤さらに泡立てたら残りの上白糖を全部加えて、角が立つまでしっかり泡立てる。写真のよ
　うにキメが細かくなり、つやがでてきたらメレンゲの完成

✤しっかり泡立てるのがポイントですが、写真のようにぼそぼそになるまで泡立てるのはやりすぎです

19

4 2に3のメレンゲを加えてしっかり混ぜ合わせる。

a ✣一度に入れるとうまく混ざらないので、まずはメレンゲを1/3量だけ加える
b ✣ここではしっかりぐるぐると混ぜてOK。しっかり混ぜて生地をなめらかにすることで、残りのメレンゲが混ざりやすくなる
c ✣しっかり混ざり合ったら、残りのメレンゲをすべて加えて混ぜる。
d ✣メレンゲがしっかり泡立っていれば、多少泡立て器でぐるぐる混ぜても泡はつぶれないので、ムラなくしっかり混ぜる

5 生地を混ぜて均一な状態にする。

6 天板に流し入れてカードで均一にならす。

7 190度のオーブンで12分焼く。

✣ゴムベラに持ち替え、ボウルの底からざっくりと大きく混ぜ合わせる

a ✣油脂の分量が少ないため、焼いても広がっていかないので、きちんと隅までカードでならす
✣四隅の角はカードのへりを使うと端までしっかり生地がいきわたる

8 生地の表面がきつね色になり、触ってみて弾力があれば焼き上がり。

✣焼きたりないとベチャッと、逆に焼きすぎると生地が乾燥して割れやすくなる。何度か焼いてみると、触った感じでわかる

9 天板から出してケーキクーラーの上にのせ、乾燥しないようにして冷ます。

a ✣ここでは焼き色のついていない面を外側（＝内巻き）にするが、オーブンシートをつけたまま冷ますと生地にしわができて見た目が悪くなるので、ラップを敷いたケーキクーラーの上に焼き色がついていない面を上にしてのせ、シートをはがす
✣ケーキクーラーがない場合は、新聞紙でも（→p.12）

b ✣はがしたオーブンシートをかぶせて冷ます
✣内巻き、外巻きはどちらでも好みでOK
（外巻きにしたい場合→p.16の**9**）
✣薄い生地は乾燥しやすいので、そのまま放っておかないこと

しっとり、もっちりロール
シフォン生地 ③

♣ 豆乳クリームを作る

1 ボウルに豆乳クリームときび砂糖を入れ、
氷水で底を冷やしながら角が立つまでしっかり泡立てる。

- a ❖氷水で冷やしながら泡立てることでつややかなクリームに
- b ❖写真のようにしっかり泡立てたら完成。ただし、泡立てすぎても分離するので注意
- c ❖ここで使った豆乳クリームはこちら。スーパーなどで手に入る。乳製品のアレルギーがある方などにもおすすめ

◆ ロールする

1 生地に豆乳クリームを塗り、手前からくるくると巻いていく。
　❖ p.18の写真のものはひと巻きにしたものです（ひと巻きに仕上げたい場合→p.17）
- a ❖オーブンシートの上に、生地の焼き色のついている面を上にしてのせ、奥の2〜3cmは避けて塗る
- b ❖ロールケーキは巻き始めが大切。最初に、手前を中に巻き込んで芯となるものを作るときれいにできる
- c ❖あとはシートを持ち上げながら奥に転がすようにして巻いていく

2 巻き終わったらしめて形をととのえる。
- d ❖まずは手でやさしく押さえて形をととのえる
- e ❖30cmぐらいの定規があれば、きっちりしめられる。巻き終わりに差し込んで、シートを引っぱりながら、定規は手前に押す

3 ラップでしっかりと包み、
巻き終わりを下にして
冷蔵庫で1〜2時間冷やす。

　❖しっかり冷やすことで生地とクリームがなじみ、形がととのう

4 お湯で温めた包丁で切っていただく。

　❖まずは端を切る。1回切るごとに包丁を温め、水気をふいてから切ると断面がきれい。湯を入れておく耐熱の長細い容器がなければ牛乳パックでも

さっくり、かろやかロール

♣4
ビスキュイ生地

生地を絞り出して焼き上げるビスキュイ生地は、
さっくりとした歯ごたえが特徴。
油脂が入っていないので、とても軽い焼き上がりで
水分の多いムースやフルーツとの相性が抜群です。
ここでは、生地の軽さが生きる、爽やかなヨーグルトクリームを合わせて。
斜めに絞り出して焼いていきますが、好みで縦にしても。見た目もエレガントな生地です。

材料			下準備
♥ビスキュイ生地		♣クリーム〔ヨーグルトクリーム〕	・天板にオーブンシートを
・卵黄・卵白　各3個分		・プレーンヨーグルト　150g	敷いておく（→p.7）
・上白糖　80g		・生クリーム　150ml	・オーブンは190度に予熱しておく
・薄力粉　80g		・メープルシロップ　大さじ2〜3	・薄力粉はふるっておく
・粉糖　適量			
（10〜15gくらい）			

さっくり、かろやかロール
ビスキュイ生地 ♥4

♥ 生地を作る

1 ボウルに卵黄と上白糖1/3量を入れ、
泡立て器で白っぽくなるまで混ぜる。

a ✣ここで卵黄をしっかり混ぜておくと、卵白と合わせるときに
なじみがよく、ふわふわの焼き上がりに
b ✣このくらい白っぽくなるまでしっかりと混ぜる

2 別のボウルに卵白を入れてハンドミキサーで泡立て、
残りの上白糖を加えて角が立つまでしっかり泡立てる（＝メレンゲを作る）。

NG!

a ✣まずは卵白だけを泡立てる。砂糖を加えると粘りがでてしまうので、最初は卵白だけ
b ✣このくらい泡立ってきたら、残りの上白糖の半量を加えて泡立てる。一気に全量加えると
粘りの原因になるので注意
c ✣さらに泡立てたら残りの上白糖を全部加えて、角が立つまでしっかり泡立てる。写真のよ
うにキメが細かくなり、つやがでてきたらメレンゲの完成

✣しっかり泡立てるのがポイントですが、写真のようにぼそぼそになるまで泡立てるのはやりすぎです

3 **1**に**2**のメレンゲを加えてしっかり混ぜ合わせる。

a ✣一度に入れるとうまく混ざらないので、まずはメレンゲを1/3量だけ加える
b ✣ここではしっかりぐるぐると混ぜてOK。しっかり混ぜて生地をなめらかにすることで、残りのメレンゲが混ざりやすくなる
c ✣しっかり混ざり合ったらゴムベラに持ち替え、残りのメレンゲをすべて加えて泡をつぶさないように手早くムラなく混ぜる
d ✣最後にボウルの底からさっくりと大きく混ぜ合わせて生地を均一な状態にする

4 薄力粉を2回に分けて加え、そのつど全体をしっかり混ぜ合わせる。

a ✣ 一度に入れるとうまく混ざらないので、必ず2回に分けて加える
b ✣ ここではぐるぐると混ぜ合わせてOK。よく混ぜてなめらかな状態にする
c ✣ しっかり混ぜ合わせて均一な状態になったら、2回目の粉を加えて混ぜる
d ✣ 最後にボウルの底からさっくりと大きく混ぜ合わせて生地を均一な状態にする
　✣ 混ぜすぎると生地を天板に絞り出すときにだれてしまうので注意

5 絞り袋に直径1cmの丸口金をセットして4の生地を入れ、天板に絞り出して粉糖をふる。

6 190度のオーブンで12分焼く。

a ✣ たっぷり入れると絞りにくいので、2/3量まで入れてこまめにつぎ足すようにする
b ✣ 天板の隅から斜めに絞り出していく。隙間をあけずにきっちりと隅まで絞る
c ✣ 表面をさくっと焼き上げるため、粉糖を茶こしでふるいながらかける。粉糖が消えたら再度ふる

7 生地の表面がきつね色になり、触ってみて弾力があれば焼き上がり。

8 天板から出してケーキクーラーの上にのせ、乾燥しないようにして冷ます。

a ✣ ここでは焼き色のついている面を外側（＝外巻き）にするので、オーブンシートをつけたまま、焼き色のついている面を上にしてケーキクーラーにのせる
　✣ ケーキクーラーがない場合は、新聞紙でも（→p.12）
b ✣ 十分に冷ましてからオーブンシートをかぶせてラップでおおう
　✣ 薄い生地は乾燥しやすいので、そのまま放っておかないこと。ただしビスキュイ生地の場合は、完全に冷める前にラップでおおうと湿気でせっかくの表面のさくっとした食感が損なわれるので、注意

✣ 焼きたりないとベチャッと、逆に焼きすぎると生地が乾燥して割れやすくなる。何度か焼いてみると、触った感じでわかる

さっくり、かろやかロール
ビスキュイ生地 4

♣ ヨーグルトクリームを作る

1. ざるの上にキッチンペーパーを敷き、ヨーグルトを入れて80gに水切りする。
   - a ÷置く時間は1～2時間が目安。ラップをして冷蔵庫で水切りする
   - b ÷水分が抜けるとこんな感じ

2. ボウルに生クリームとメープルシロップを入れ、氷水で底を冷やしながら角が立つまでしっかり泡立て、1と合わせる。

◆ ロールする

1. 生地にヨーグルトクリームを塗り、手前からくるくると巻いていく。
   - a ÷オーブンシートの上に、生地の焼き色のついていない面を上にしてのせ、奥の2～3cmは避けて塗る。
   - b ÷ロールケーキは巻き始めが大切。最初に、手前を中に巻き込んで芯となるものを作るときれいにできる
   - c ÷あとはシートを持ち上げながら奥に転がすようにして巻いていく

2. 巻き終わったらしめて形をととのえる。
   - d ÷まずは手でやさしく押さえて形をととのえる
   - e ÷30cmぐらいの定規があれば、きっちりしめられる。巻き終わりに差し込んで、シートを引っぱりながら、定規は手前に押す

3. ラップでしっかりと包み、巻き終わりを下にして冷蔵庫で1～2時間冷やす。

　÷しっかり冷やすことで生地とクリームがなじみ、形がととのう

4. お湯で温めた包丁で切っていただく。

　÷まずは端を切る。1回切るごとに包丁を温め、水気をふいてから切ると断面がきれい。湯を入れておく耐熱の長細い容器がなければ牛乳パックでも

どっしり、つややかロール

❤5

スフレ生地

バターの風味が香るジューシーなスフレ生地は、低温でじっくりと加熱するため、
非常にキメが細かく、つややかに焼き上がります。
このうえなくしっとりとした、どっしり濃厚な味はスフレ生地でしか味わえません。
まさに生地を味わうロールケーキ。
少し手間がかかりますが、ぜひ一度チャレンジしてみてください。

材料				
♥**スフレ生地**		♣クリーム〔はちみつクリーム〕		
・バター	50g	・生クリーム	150ml	
・牛乳 大さじ2＋40〜70ml		・はちみつ	大さじ2	
・薄力粉	70g			
・卵黄・卵白	各3個分			
・卵	1個			
・はちみつ	30g			
・上白糖	40g			

下準備
・天板にオーブンシートを敷いておく（→p.7）
・オーブンは170度に予熱しておく
・バターは小さく切っておく
・薄力粉はふるっておく

どっしり、つややかロール
スフレ生地 ❤5

♥ 生地を作る

1 小鍋にバターと牛乳大さじ2を入れて弱火にかけ、ときどきかき混ぜながらバターを溶かす。

a ✥バターを切っておかないと溶かすのに時間がかかり、その間に水分が蒸発してしまうので注意

2 バターが溶けて沸騰したら薄力粉を一気に加えて火からおろす。

3 再度弱火にかけ、鍋底から離れるまで加熱。

a ✥ゴムベラですばやくかき混ぜてひとまとめにする
b ✥このくらいなめらかになるまで混ぜる

✥鍋底からころんと離れるまで加熱することがポイント

4 火からおろし、熱いうちに卵黄を加えてすばやく混ぜ、溶いた卵も加え混ぜる。

a ✥混ぜずにそのまま放置しておくと卵黄が固まってしまうので注意
b ✥卵黄を混ぜて生地の温度を下げてから全卵を溶いて加える。最初に全卵を加えると白身だけ先に固まりやすいので注意

5 はちみつ、牛乳40〜70mlを加えて生地をのばしていく。

a, b, c ✥生地の状態や環境によって、牛乳の量は変わるので注意。まずは40ml入れてよく混ぜ、ゴムベラですくってみる。cのようになめらかに落ちる硬さになっていたらOK。写真のようにならず、硬い場合は、70mlを上限に牛乳を少しずつたしてのばしていく

6 別のボウルに卵白を入れてハンドミキサーで泡立て、
上白糖を加えて角が立つまでしっかり泡立てる（＝メレンゲを作る）。

NG!

a ✧まずは卵白だけを泡立てる。砂糖を加えると粘りがでてしまうので、最初は卵白だけ

b ✧このくらい泡立ってきたら、上白糖半量を加えて泡立てる。一気に全量加えると粘りの原因になるので注意

c ✧さらに泡立てたら残りの上白糖を全部加えて、角が立つまでしっかり泡立てる。写真のようにキメが細かくなり、つやがでてきたらメレンゲの完成

✧しっかり泡立てるのがポイントですが、写真のようにぼそぼそになるまで泡立てるのはやりすぎです

7 5に6のメレンゲを加えて、ゴムベラでしっかり混ぜ合わせる。

a ✧一度に入れるとうまく混ざらないので、まずはメレンゲを1/3量だけ加える

b ✧ここではしっかりぐるぐると混ぜてOK。しっかり混ぜて生地をなめらかにすることで、残りのメレンゲが混ざりやすくなる

c ✧しっかり混ざり合ったら、残りのメレンゲをすべて加えて泡をつぶさないように手早くムラなく混ぜる

d ✧最後にボウルの底からさっくりと大きく混ぜ合わせて生地を均一な状態にする

8 天板に流し入れてカードで均一にならす。　　**9** 170度のオーブンで15分焼く。

a ✧油脂の分量が少ないため、焼いても広がっていかないので、きちんと隅までカードでならす

✧四隅の角はカードのへりを使うと端までしっかり生地がきわたる

28

どっしり、つややかロール ❻
スフレ生地

10 生地を触ってみて弾力があれば焼き上がり。

11 天板から出してケーキクーラーの上にのせ、乾燥しないようにして冷ます。

❖焼きたりないとベチャッと、逆に焼きすぎると生地が乾燥して割れやすくなる。何度か焼いてみると、触った感じでわかる

a ❖ここでは焼き色のついていない面を外側（＝内巻き）にするが、オーブンシートをつけたまま冷ますと生地にしわができて見た目が悪くなるので、ラップを敷いたケーキクーラーの上に焼き色がついていない面を上にしてのせ、シートをはがす

❖ケーキクーラーがない場合は、新聞紙でも（→p.12）

b ❖はがしたオーブンシートをかぶせて冷ます

❖内巻き、外巻きはどちらでもOK（外巻きの場合→p.16の**9**）

♣ はちみつクリームを作る

1 ボウルに生クリームとはちみつを入れ、氷水で底を冷やしながら角が立つまでしっかり泡立てる。

❖このぐらいしっかり泡立てる

◆ ロールする

1 はちみつクリームを生地の焼き色がついている面に塗り、巻いていく。
　　a ❖奥の2～3cmは避けて塗る
　　b ❖最初に手前を中に巻き込んで芯を作ってから巻いていくとよい

2 巻き終わったらしめて形をととのえる。
　　c ❖手でととのえたあと、30cmぐらいの定規を巻き終わりに差し込み、手前に押すときれいに

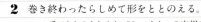

3 ラップでしっかりと包み、巻き終わりを下にして冷蔵庫で1～2時間冷やす。

4 お湯で温めた包丁で切っていただく。
　　❖包丁は1回切るごとに温め直し、水気をふいてから使うと断面がきれい
　　❖湯を入れておく耐熱の長細い容器がなければ牛乳パックでも

29

材料で　薄力粉の一部を別のものにかえたり、代わりにチョコレートを使ってみたり、
材料を少しかえると生地の味わいは鮮やかにかわります。

香り豊かな、こっくりロール

アーモンド生地

薄力粉の一部をアーモンドプードルにかえて、風味豊かな生地に仕上げました。
こっくりした味わいのずっしり重めの生地なので
クリームは、バタークリームやチョコレートなど
生地に負けない濃厚なものがよく合います。
油分が多い配合なので、メレンゲがつぶれないように
手早く作業するのがポイントです。

材料				下準備
♥アーモンド生地		♣クリーム〔バタークリーム〕		・天板にオーブンシートを
・アーモンドプードル	60g	・バター	100g	敷いておく（→p.7）
・上白糖	80g	・卵白	1個分 (35g)	・オーブンは190度に予熱しておく
・卵	2個	・上白糖	40g	・薄力粉はふるっておく
・卵白	2個分			・生地に使用するバターは湯せんにかけて
・薄力粉	40g			溶かしておく
・バター	15g			

香り豊かな、こっくりロール
アーモンド生地 ⑥

♥ 生地を作る

1 ボウルにアーモンドプードルと上白糖半量を合わせてふるい入れ、卵を加えて泡立て器で白っぽくなるまで混ぜる。

a このくらい、少しもったりとするまでよく混ぜる

2 別のボウルに卵白を入れてハンドミキサーで泡立て、残りの上白糖を加えて角が立つまでしっかり泡立てる（＝メレンゲを作る）。

   **NG!**

a ✥まずは卵白だけを泡立てる。砂糖を加えると粘りがでてしまうので、最初は卵白だけ
b ✥このくらい泡立ってきたら、残りの上白糖の半量を加えて泡立てる。一気に全量加えると粘りの原因になるので注意
c ✥さらに泡立てたら残りの上白糖を全部加えて、角が立つまでしっかり泡立てる。写真のようにキメが細かくなり、つやがでてきたらメレンゲの完成

✥しっかり泡立てるのがポイントですが、写真のようにぼそぼそになるまで泡立てるのはやりすぎです

3 **1** に **2** のメレンゲを加えてゴムベラでしっかり混ぜ合わせる。

a ✥一度に入れるとうまく混ざらないので、まずはメレンゲを1/3量だけ加える
b ✥ここではしっかりぐるぐると混ぜてOK。しっかり混ぜて生地をなめらかにすることで、残りのメレンゲが混ざりやすくなる
c ✥しっかり混ざり合ったら、残りのメレンゲをすべて加えて泡をつぶさないように手早くムラなく混ぜる
d ✥最後にボウルの底からさっくりと大きく混ぜ合わせて生地を均一な状態にする

31

4 薄力粉を2回に分けて加え、そのつど全体をしっかり混ぜ合わせる。

a ❖一度に入れるとうまく混ざらないので、必ず2回に分けて加える
b ❖生地の量に対して粉の量が少ないので、ここではぐるぐると混ぜ合わせてOK
c ❖最後にボウルの底からさっくりと大きく混ぜ合わせて写真のように生地の状態が均一になったらOK

5 溶かしバターを加えて混ぜ合わせる。

❖ゴムベラを伝わせて加え、ボウルの底から軽く混ぜ合わせる

6 天板に流し入れてカードで均一にならす。

 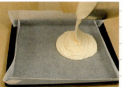

a ❖油脂の分量が少ないため、焼いても広がっていかない生地なので、きちんと隅までカードでならす
❖四隅の角はカードのへりを使うと端までしっかり生地がいきわたる

7 190度のオーブンで10分焼く。

8 生地の表面がきつね色になり、触ってみて弾力があれば焼き上がり。

❖焼きたりないとベチャッと、逆に焼きすぎると生地が乾燥して割れやすくなる。何度か焼いてみると、触った感じでわかる

9 天板から出してケーキクーラーの上にのせ、乾燥しないようにして冷ます。

a ❖ここでは焼き色のついていない面を外側(=内巻き)にするが、オーブンシートをつけたまま冷ますと生地にしわができて見た目が悪くなるので、ラップを敷いたケーキクーラーの上に焼き色がついていない面を上にしてのせ、シートをはがす
❖ケーキクーラーがない場合は、新聞紙でも(→p.12)
b ❖はがしたオーブンシートをかぶせて冷ます
❖内巻き、外巻きはどちらでも好みでOK
(外巻きにしたい場合→p.16の**9**)
❖薄い生地は乾燥しやすいので、そのまま放っておかないこと

32

香り豊かな、こっくりロール
アーモンド生地 ⑥

♣ **バタークリームを作る**

1 バターを
  やわらかく練る。

2 別のボウルに卵白を入れてハンドミキサーで泡立て、
  上白糖を加えて角が立つまでしっかり泡立てる（＝メレンゲを作る）。

✤バターを室温に戻してボウル
に入れ、泡立て器でやわらか
く練る

a ✤まずは卵白だけを泡立てる。砂糖を加えると粘りがでてしまうので、最初は卵白だけ
b ✤このくらい泡立ってきたら、上白糖を加える
  （ここでは砂糖の分量が少ないので一気に加えてOK）
c ✤さらに泡立て、写真のようにキメが細かくなり、つやがでてきたらメレンゲの完成

3 **1**に**2**のメレンゲを少しずつ加えてよく混ぜ合わせる。

a ✤一度に全量入れると分離するので、必ず少しずつ入れる
b ✤よく混ぜてこのくらいなめらかになったら、また少し加える
c ✤**a**→**b**を続けて行ない、全量がなめらかに混ざり合ったらバタークリームの完成

◆ **ロールする**

1 バタークリームを生地の焼き色がついている面に塗り、巻いていく。
  a ✤奥の２〜３cmは避けて塗る
  b ✤最初に手前を中に巻き込んで芯を作ってから巻いていくとよい

2 巻き終わったらしめて形をととのえる。
  c ✤手でととのえたあと、30cmぐらいの定規を巻き終わりに差し込み、手前に押すときれいに

3 ラップでしっかりと包み、巻き終わりを下にして冷蔵庫で１〜２時間冷やす。

4 お湯で温めた包丁で切っていただく。
  ✤包丁は１回切るごとに温め直し、水気をふいてから使うと断面がきれい
  ✤湯を入れておく耐熱の長細い容器がなければ牛乳パックでも

33

しっとり、ほろほろロール

ショコラ生地

薄力粉は入れずに、チョコレートをたっぷり使って
焼き上げたショコラ生地は、まるでガトーショコラを食べているような贅沢なおいしさ。
しっとりとしているけれど、口の中でほろほろとくずれ落ちる、そんなやわらかい食感の生地です。
ただ、やわらかい分、やぶれやすい生地でもあるのでロールするときは十分注意して。
やさしく丁寧に扱ってください。

材料		♣クリーム〔カスタード生クリーム〕		下準備
♥ショコラ生地		〔カスタードクリーム〕		・天板にオーブンシートを敷いておく（→p.7）
・チョコレート（ビター）	80g	・牛乳	75ml	・オーブンは170度に予熱しておく
・牛乳	50ml	・バニラビーンズ	1/4本	・チョコレートは細かく刻んでおく
・卵黄	3個分	・卵黄	1個分	（タブレットタイプなら必要ない）
・ココア	30g	・上白糖	25g	・ココアはふるっておく
・卵白	5個分	・薄力粉	15g	・クリームに使用する薄力粉はふるっておく
・上白糖	50g	・バター	5g	
		〔生クリーム〕		
		・生クリーム	200ml	

しっとり、ほろほろロール 7
ショコラ生地

♥ 生地を作る

1 ボウルにチョコレートと牛乳を入れ、湯せんにかけて溶かす。

2 なめらかに溶けたら湯せんからはずし、卵黄、ココアを順に加えてそのつど混ぜる。

3 別のボウルに卵白を入れてハンドミキサーで泡立て、上白糖を加えて角が立つまでしっかり泡立てる（＝メレンゲを作る）。

NG!

a ✢まずは卵白だけを泡立てる。砂糖を加えると粘りがでてしまうので、最初は卵白だけ
b ✢このくらい泡立ってきたら、上白糖半量を加えて泡立てる。一気に全量加えると粘りの原因になるので注意
c ✢さらに泡立てたら残りの上白糖を全部加えて、角が立つまでしっかり泡立てる。写真のようにキメが細かくなり、つやがでてきたらメレンゲの完成

✢しっかり泡立てるのがポイントですが、写真のようにぼそぼそになるまで泡立てるのはやりすぎです

4 2に3のメレンゲを加えてしっかり混ぜ合わせる。

a ✢一度に入れるとうまく混ざらないので、まずはメレンゲを1/3量だけ加えて泡立て器で混ぜる
b ✢ここではしっかりぐるぐると混ぜてOK。しっかり混ぜて生地をなめらかにすることで、残りのメレンゲが混ざりやすくなる
c ✢しっかり混ざり合ったらゴムベラに持ち替え、残りのメレンゲをすべて加えて泡をつぶさないように手早くムラなく混ぜる
d ✢最後にボウルの底からさっくりと大きく混ぜ合わせて生地を均一な状態にする

5 天板に流し入れてカードで均一にならす。

6 170度のオーブンで17分焼く。

a ✣油脂入りの生地と違い、焼いても広がっていかないのできちんと隅までカードでならす
✣四隅の角はカードのへりを使うと端までしっかり生地がいきわたる

7 生地を触ってみて弾力があれば焼き上がり。

焼きたりないとベチャッと、逆に焼きすぎると生地が乾燥して割れやすくなる。何度か焼いてみると触った感じでわかる

8 天板から出してケーキクーラーの上にのせ、乾燥しないようにして冷ます。

a ✣ここでは焼き色のついていない面を外側（＝内巻き）にするが、オーブンシートをつけたまま冷ますと生地にしわができて見た目が悪くなるので、ラップを敷いたケーキクーラーの上に焼き色がついていない面を上にしてのせ、シートをはがす
✣ケーキクーラーがない場合は、新聞紙でも（→p.12）
b ✣はがしたオーブンシートをかぶせて冷ます
✣内巻き、外巻きはどちらでも好みでOK
（外巻きにしたい場合→p.16の**9**）
✣薄い生地は乾燥しやすいので、そのまま放っておかないこと

♣ カスタードクリームを作る

1 小鍋に牛乳と種を取ったバニラビーンズをさやと一緒に入れて火にかけ、沸騰直前まで温める。

2 ボウルに卵黄と上白糖を入れて泡立て器で混ぜ、白っぽくなったら薄力粉を加えて混ぜる。

a ✣よく混ぜてこのくらいになったら薄力粉を加える
b ✣薄力粉を加えたら粉っぽさがなくなるまでしっかり混ぜる

しっとり、ほろほろロール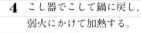
ショコラ生地

3 2に1を少しずつ加えて混ぜ合わせる。

4 こし器でこして鍋に戻し、弱火にかけて加熱する。

a ✣ダマにならないように絶えず底からゴムベラでよくかき混ぜながら、必ず弱火で加熱する
b ✣このくらいの硬さまで加熱できたらOK

5 火からおろしてバターを加えて混ぜ、冷ます。

6 保存容器に詰め、粗熱が取れたらラップをぴったりとはり、冷蔵庫で冷やしたらカスタードクリームの完成。
　✣表面に膜ができてしまうので、ラップは必ずクリームにぴったりと密着させる

♣ 生クリームを泡立ててカスタードクリームと合わせる

1 ボウルに生クリームを入れ、氷水で底を冷やしながら角が立つまでしっかり泡立てる。
a ✣氷水で冷やしながら泡立てることでつややかなクリームに
b ✣写真のようにしっかり泡立てたら完成。ただし、泡立てすぎても分離するので注意

2 カスタードクリームを混ぜてなめらかにする。

3 2に1を少しずつ加えてなめらかに混ぜ合わせる。

✣よく冷えたカスタードクリームをボウルにあけ、ゴムベラで混ぜてなめらかにする

a ✣一度に全量入れるとうまく混ざらないので、必ず少しずつ入れる
b ✣よく混ぜてこのくらいなめらかになったら、また少し加える
c ✣a→bを続けて行ない、全量がなめらかに混ざり合ったらカスタードクリーム＋生クリームの完成

37

◆ ロールする

a

b

c

1 生地にカスタードクリーム＋生クリームを塗り、手前からくるくると巻いていく。
- a ❖ オーブンシートの上に、生地の焼き色のついている面を上にしてのせ、奥の2〜3cmは避けて塗る
- b ❖ ロールケーキは巻き始めが大切。最初に、手前を中に巻き込んで芯となるものを作るときれいにできる
- c ❖ この生地はやぶれやすいが、巻き始めは生地が折れても気にせずに一気に巻くとよい

2 巻き終わったらしめて形をととのえる。
- d ❖ まずは手でやさしく押さえて形をととのえる
- e ❖ 30cmぐらいの定規があれば、きっちりしめられる。巻き終わりに差し込んで、シートを引っぱりながら、定規は手前に押す

d

e

3

3 ラップでしっかりと包み、巻き終わりを下にして冷蔵庫で1〜2時間冷やす。

❖ しっかり冷やすことで生地とクリームがなじみ、形がととのう

4

4 お湯で温めた包丁で切っていただく。

❖ まずは端を切る。1回切るごとに包丁を温め、水気をふいてから切ると断面がきれい。湯を入れておく耐熱の長細い容器がなければ牛乳パックでも

MORE ARRANGE
食感をとにかく もちもち にしたいときは…

シフォン生地よりも、もっともっちりとした弾力のあるロールケーキを作りたいときは薄力粉の一部、または全量を、米粉やタピオカ粉にかえるともちっとした新食感のロールケーキができます。作り方は、これまで紹介した「♥1共立て生地」、「♥2別立て生地」、「♥3のシフォン生地」で材料を置きかえるだけなので、とってもかんたん。
基本の7つの生地を作ってみて、さらに別の食感を楽しみたいひとは、下記を参考にしながら、ぜひ挑戦してみてください。

♥1 共立て生地
の作り方で作ると…

しっとり、もちもち に。

♥2 別立て生地
の作り方で作ると…

ふんわり、もちもち に。

♥3 シフォン生地
の作り方で作ると…

もっちり、もちもち に。

♠材料の特徴

【米粉】
くせがなく、どんな材料とも合わせやすいです。薄力粉よりも少しもちもちするという感じ。

【タピオカ粉】
米粉よりももちもち感が強いので、とにかくもちもちにしたいならこちらがおすすめ。独特の風味があります。

♠材料の置きかえ方

【米粉の場合】
生地の材料の薄力粉の分量を、同量の米粉にかえて作る。

【タピオカ粉の場合】
生地の材料の薄力粉の分量の2/3を、タピオカ粉にする。残りの1/3量は、薄力粉を使用。

米粉は大きなスーパーなら売っています。タピオカ粉は製菓材専門店で。この本では、どちらもcuoca（入手先→p.88）のものを使用。

【作り方の注意点】
作り方は基本と一緒ですが、米粉はもともと粒子が細かいので、ふるわなくてOK。
また、米粉に置きかえて作った場合、薄力粉の生地よりも乾燥しやすいので注意しましょう。

 「共立て生地」の作り方で行なう場合

※割り切れない場合は、タピオカ粉を少なめにしてきりのいい数字にする

♥基本の「共立て生地」
・薄力粉　50g

♠米粉にかえる場合
・薄力粉　→0g
・米粉　→50g

♠タピオカ粉にかえる場合
・薄力粉　→20g
・タピオカ粉　→30g

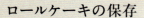

ロールケーキの保存

ロールケーキは生ケーキなので、保存期間は短いですが、保存方法を工夫すると実は意外と長く楽しめます。おもたせにも便利な、保存方法を紹介します。

冷蔵の場合

冷蔵庫で保存する場合は、ラップでぴったりと包んで乾燥しないようにして保存します。ただし、保存期間は短いので注意しましょう。長く保存させたい場合は、冷凍します。

【保存期間】 1〜2日

【向かないもの】 ビスキュイ生地のロール　デコレーションしたロール

＊表面のさくっとした軽い食感が特長のビスキュイ生地は、時間をおくことでしっとりとしてしまい、せっかくの食感が損われます。また、クリームなどをデコレーションしたものは、時間がたつことでクリームがだれてくずれてしまいます。どちらも当日中に食べましょう。

＊フレッシュなフルーツを使っているものも、なるべく早く食べてください。

冷凍の場合

デコレーションしていないロールケーキなら、実は冷凍もできます。ラップでしっかりくるんだら、冷凍用保存容器や保存バッグに入れて冷凍庫へ。その際、あらかじめ食べるサイズにカットしてから冷凍しておくと便利です。解凍するときは、前日の夜に冷凍庫から冷蔵庫へ移して解凍します。1本まるまるを冷凍したい場合も同様の方法でできますが、サイズに合った保存容器やバッグがない場合は、2重にラップしておきましょう。

【保存期間】 1ヶ月くらい

【向かないもの】 ビスキュイ生地のロール　デコレーションしたロール

＊冷蔵保存と同じく、ビスキュイ生地は冷凍してしまうと表面のさくっとした食感が失われ、デコレーションしたロールは形がくずれてしまいます。

♠ おもたせするときに…

誰かのおうちにおよばれしたときに、手作りのロールケーキをさりげなくお土産にできたらとってもステキです。でも、生ケーキなので、保冷剤を入れたり、ロールケーキの形がくずれないように道中も注意したりなど、ちょっぴり心配な点があるかと思います。

そんなときは、冷凍して持っていってしまいましょう！

凍っているので、形がくずれる心配がないし、ラップの上から手持ちの包装紙などでくるっとくるんでリボンでとめただけのラフなラッピングでも問題ありません。季節やロールケーキの大きさ（クリームやフルーツの分量など）によって違いはありますが、以下を目安に時間を逆算して準備しましょう。

【解凍時間】　夏場　1〜2時間
　　　　　　　冬場　2〜3時間

＊行き先までの時間を逆算して考え、冷凍庫から出して常温に置いておく（ただし、デコレーションしてあるものには使えません。その場合は、通常通り、箱などに詰めて保冷剤を入れて持って行きましょう）

PART 2
STANDARD ARRANGE

生地とクリームのマリアージュを楽しむ
定番ロールとアレンジロール

基本のロールケーキを作って慣れてきたら
今度はクリームやフィリングにこだわって
いろいろなアレンジロールを楽しみましょう。
基本的に生地はPART 1で紹介したもの。
レシピには、クリームやフィリングとの相性を考えた
おすすめの基本生地で紹介していますが、
もちろん好みによって別の生地で作ってみても。
カジュアルなものから、おもてなしにもぴったりな装いのものまで
いろんな顔をしたロールケーキが揃いました。

STANDARD
定番ロール

STRAWBERRY
いちご

STRAWBERRY
いちごのカスタードロール（上・下）

フランスのショートケーキともいうべき「フレジエ」をロールケーキに仕立てました。
甘酸っぱいいちごと合うように、カスタードクリームにはバターをプラスしてこくのあるクリームに。

材料

♥ **共立て生地**
共立て生地の材料（p.10）　1台分
（卵3個／上白糖70g／牛乳大さじ2／薄力粉50g）

♣ **クリーム〔バターカスタードクリーム〕**
・カスタードクリームの材料（p.34）　約2台分
　※ただし以下の分量をかえる
　（牛乳150ml／バニラビーンズ1/2本／卵黄2個分／
　上白糖50g／薄力粉20g／バター15g）
・バター　50g

♦ **フィリング**
いちご（へたを取って縦半分に切る）　120g

a　いちごは断面を下にして2列に並べて。この2列を一気に巻くようにして芯を作ると、きれいなロールに。

作り方

生地
1. p.10～12と同様に共立て生地を焼く。
   A ボウルに卵と上白糖を入れて湯せんにかけてハンドミキサーで泡立て、ひと肌になったら湯せんをはずしてさらに泡立てる。
   B 牛乳、薄力粉（2回に分ける）を順に加えてそのつど混ぜる。
   C 190度のオーブンで12分焼く。
   ＊ここでは外巻きにするので、焼き色のついている面を上にして冷ます。もちろん内巻きでもOK

クリーム
2. p.36～37と同様にカスタードクリームを作る。
   A 小鍋に牛乳と種を取ったバニラビーンズをさやと一緒に入れて火にかけ、沸騰直前まで温める。
   B ボウルに卵黄と上白糖を入れて混ぜ、白っぽくなったら薄力粉を加えて混ぜ、Aも少しずつ加えて混ぜる。
   C こし器でこして鍋に戻し、弱火にかけてとろみがつくまで底から混ぜながら加熱する。
   D 火からおろしてバターを加えて混ぜ、冷蔵庫で冷やす。

3. バター50gを室温に戻してボウルでクリーム状に練ったら、よく混ぜた2を少しずつ加えてさらによく混ぜる。

ロール
4. 生地の焼き色がついていない面に3のクリームを塗り、いちごを並べる（a）。
5. 手前からいちごを包むようにひと巻きして一度しめ、それを芯としてそのまま奥へ巻いていく。
6. 形をととのえ、ラップで包み1～2時間冷蔵庫で冷やす。

STRAWBERRY
いちごクリームのショコラロール（中）

生クリームに刻んだいちごをたっぷり入れて、しっとりと焼き上がったこくのあるショコラ生地で包みました。チョコのまったりしたおいしさに、いちごの酸味がよく合う組み合わせです。

材料

♥ **ショコラ生地**
ショコラ生地の材料（p.34）　1台分
（チョコレート80g／牛乳50ml／卵黄3個分／ココア30g／
卵白5個分／上白糖50g）

♣ **クリーム〔いちごクリーム〕**
・生クリーム　150ml
・上白糖　大さじ1
・いちご　200g
　※へたを取り、120gは1/4に切り、80gは粗みじん切りにする

作り方

生地
1. p.34～36と同様にショコラ生地を焼く。
   A ボウルにチョコと牛乳を入れて湯せんにかけて溶かし、湯せんからはずして卵黄、ココアを順に加えてそのつど混ぜる。
   B 別のボウルに卵白を入れてハンドミキサーで泡立て、全体が泡立ってきたら上白糖を半量ずつ加えて角が立つまで泡立てる。
   C AにBの1/3量を加えて泡立て器でよく混ぜ、残りも加えてゴムベラで混ぜる。
   D 170度のオーブンで17分焼く。

クリーム
2. ボウルに生クリームと上白糖を入れ、氷水で底を冷やしながら角が立つまでしっかり泡立て、粗みじん切りにしたいちごを加えてよく混ぜ合わせる。

ロール
3. 生地の焼き色がついている面に2のクリームを塗り、クリームの上に1/4に切ったいちごをまんべんなくちらして手前から巻いていく。
4. 形をととのえ、ラップで包み1～2時間冷蔵庫で冷やす。

STANDARD

FRUIT
フルーツ

FRUIT
ビスキュイのフルーツロール (右)

色とりどりのフルーツをたっぷりと包み込んだロールケーキは、お土産にも喜ばれる定番メニュー。
ビスキュイ生地で巻けば、エレガントに仕上がります。

材料

♥4 ビスキュイ生地
ビスキュイ生地の材料 (p.22) 　1台分
(卵黄・卵白各3個分/上白糖80g/薄力粉80g/粉糖適量)

♣ クリーム 〔カスタード生クリーム〕
・カスタードクリームの材料 (p.34) 　約2台分
　※ただし以下の分量にかえる
　(牛乳150ml/バニラビーンズ1/2本/卵黄2個分/
　上白糖50g/薄力粉30g/バター15g)
・生クリーム　100ml

◆ フィリング　好みのフルーツ (皮やへたを取って刻む)
　※いちご、マンゴー、キウィフルーツ、バナナなど
　合わせて400～500g

a
フルーツは隙間をあけずに並べて、フルーツを包むように一気に巻く。クリームを塗っているので、フルーツがはがれず、意外とかんたん。
※水分の多いものや缶詰のフルーツは、ペーパータオルで水気をふきとってから並べる

作り方

1. p.22～24と同様にビスキュイ生地を焼く。
   - A ボウルに卵黄と上白糖1/3量を入れて白っぽくなるまで混ぜる。
   - B 別のボウルに卵白を入れてハンドミキサーで泡立て、全体が泡立ったら残りの上白糖を半量ずつ加えて角が立つまで泡立てる。
   - C AにBの1/3量を加えて泡立て器でよく混ぜ、残りも加えてゴムベラで混ぜる。
   - D 薄力粉を2回に分けて加え、そのつど混ぜ、絞り袋に入れる。
   - E 天板に斜めに絞り出し、粉糖をふって190度のオーブンで12分焼く。

2. p.36～37と同様にカスタードクリームを作り、生クリームと合わせる。
   - A 小鍋に牛乳と種を取ったバニラビーンズをさやと一緒に入れて火にかけ、沸騰直前まで温める。
   - B ボウルに卵黄と上白糖を入れて混ぜ、白っぽくなったら薄力粉を加えて混ぜ、Aも少しずつ加えて混ぜる。
   - C こし器でこして鍋に戻し、弱火にかけてとろみがつくまで加熱。
   - D 火からおろしてバターを加えて混ぜ、冷蔵庫で冷やす。
   - E 氷水で底を冷やしながら生クリームを角が立つまで泡立てる。
   - F Dをボウルに移しゴムベラで混ぜ、Eを少しずつ加えて混ぜる。

3. 生地の焼き色がついていない面に2のクリームを塗り、フルーツを並べる (a)。

4. 手前からフルーツを包むようにひと巻きして一度しめ、それを芯としてそのまま奥へ巻いていく。

5. 形をととのえ、ラップで包み1～2時間冷蔵庫で冷やす。

FRUIT
練乳クリームのふんわりフルーツロール (左)

こちらのフルーツロールはふわふわの別立てスポンジ生地とフルーツの酸味で軽やかな印象に仕上がりました。
ミルキーな練乳入りの生クリームがよく合います。

材料

♥2 別立て生地
別立て生地の材料 (p.14) 　1台分
(卵黄・卵白各3個分/上白糖70g/牛乳大さじ1/薄力粉50g)

♣ クリーム 〔練乳クリーム〕
・生クリーム　150ml
・練乳　50ml

◆ フィリング　好みのフルーツ (皮やへたを取って刻む)
　※いちご、マンゴー、キウィフルーツ、バナナなど
　合わせて400～500g

作り方

1. p.14～16と同様に別立て生地を焼く。
   - A ボウルに卵黄と上白糖半量を入れてハンドミキサーで混ぜ、白っぽくなったら牛乳を加えてゴムベラで混ぜる。
   - B 別のボウルに卵白を入れてハンドミキサーで泡立て、全体が泡立ったら残りの上白糖を半量ずつ加えて角が立つまで泡立てる。
   - C AにBの1/3量を加えてゴムベラでよく混ぜ、残りも加えて混ぜる。
   - D 薄力粉を2回に分けて加え、そのつど混ぜる。
   - E 190度のオーブンで12分焼く。
   - ＊ここでは内巻きにするのでオーブンシートをはがして焼き色のついていない面を上にして冷ます。もちろん外巻きでもOK

2. ボウルに生クリームと練乳を入れ、氷水で底を冷やしながら角が立つまでしっかり泡立てる。

3. 生地の焼き色がついている面に2のクリームを塗り、フルーツを並べて (a) 上記4～5と同様にする。

STANDARD

CAFE
カフェ

CAFE
カラメルカフェとくるみのロール（右）

アーモンドの香り高いリッチな生地にはこくのあるクリームを合わせて。香ばしいくるみがアクセントです。
濃い目に入れたコーヒーと一緒にどうぞ。

材料

♥ **アーモンド生地**
アーモンド生地の材料（p.30）　1台分
（アーモンドプードル60g／上白糖80g／卵2個／卵白2個分／
薄力粉40g／バター15g）

♣ **クリーム〔カラメルカフェバタークリーム〕**
・バタークリームの材料（p.30）　1台分
　（バター100g／卵白1個分／上白糖40g）
・カラメルソース（p.59）　大さじ2
・インスタントコーヒー　大さじ1
・湯　大さじ1/2

♦ **フィリング**
　くるみ　50g
　※170度のオーブンで15分ほどローストし、粗く刻んだもの

作り方

1. p.30～32と同様にアーモンド生地を焼く。
   - A ボウルにアーモンドプードルと上白糖半量を合わせてふるい入れ、卵を加えて白っぽくなるまで混ぜる。
   - B 別のボウルに卵白を入れてハンドミキサーで泡立て、全体が泡立ってきたら残りの上白糖を半量ずつ加えて角が立つまで泡立てる。
   - C AにBの1/3量を加えてゴムベラでよく混ぜ、残りも加えて混ぜる。
   - D 薄力粉を2回に分けて加え、そのつど混ぜる。
   - E 溶かしバターを加え混ぜる。
   - F 190度のオーブンで10分焼く。

2. p.33と同様にバタークリームを作る。
   - A バターを室温に戻してやわらかく練る。
   - B 別のボウルに卵白を入れてハンドミキサーで泡立て、上白糖を加えて角が立つまでしっかり泡立てる。
   - C AにBを少しずつ加えてよく混ぜる。

3. 2にカラメルソースと湯で溶いたコーヒーを加えてよく混ぜる。

4. 生地の焼き色がついている面に3のクリームを塗り、クリームの上にくるみをまんべんなくちらして巻く。

5. 形をととのえ、ラップで包み1～2時間冷蔵庫で冷やす。

CAFE
洋梨とカフェクリームのプリンロール（左）

しっとりとした生地で包んだのはカフェクリームと洋梨、そしてなんとプリン！
好きなものをいろいろ詰め込んだ贅沢なロールケーキです。キリリと冷やしてどうぞ。

材料

 シフォン生地
シフォン生地の材料（p.18）　1台分
※ただしインスタントコーヒー大さじ1と1/2を追加する
（卵黄・卵白各3個分／上白糖60g／植物油30ml／水40ml／
インスタントコーヒー大さじ1と1/2／薄力粉60g）

♣ **クリーム〔カフェクリーム〕**
・生クリーム　150ml
・インスタントコーヒー　大さじ1
・湯　大さじ1/2

♦ **フィリング**
・洋梨（皮やへた、芯を取って刻む）　100g
・市販のカスタードプリン　140g
※やわらかいものではなく、硬めのものがよい

作り方

1. p.18～20と同じ要領でシフォン生地を焼く。
   - ＊ インスタントコーヒーは水に溶いて加える
   - A ボウルに卵黄と上白糖1/3量を入れて混ぜ、油、コーヒーを溶いた水を順に加えてそのつど混ぜ、薄力粉も加えて混ぜる。
   - B 別のボウルに卵白を入れてハンドミキサーで泡立て、全体が泡立ってきたら残りの上白糖を半量ずつ加えて角が立つまで泡立てる。
   - C AにBの1/3量を加えて泡立て器でよく混ぜ、残りも加えて混ぜる。
   - D 190度のオーブンで12分焼く。

2. ボウルに生クリームと湯で溶いたコーヒーを入れ、氷水で底を冷やしながら角が立つまでしっかり泡立てる。

3. 生地の焼き色がついている面に2を塗り、洋梨をまんべんなくちらしてプリンをくずしてのせ、巻く。

4. 形をととのえ、ラップで包み1～2時間冷蔵庫で冷やす。

STANDARD

GREEN TEA
抹茶

GREEN TEA

ダブル抹茶のガナッシュロール（右）

抹茶入りの共立て生地にこくのある抹茶入りのガナッシュクリームで、抹茶をダブルに楽しみます。
抹茶の苦味と香りを味わえる、大人なロールケーキです。

材 料

1 共立て生地
共立て生地の材料（p.10）　1台分
※ただし薄力粉50gは米粉40g+抹茶5gにかえる
（卵3個／上白糖70g／牛乳大さじ2／米粉40g／抹茶5g）

♣ クリーム 〔抹茶ガナッシュクリーム〕
・生クリーム　150ml
・ホワイトチョコレート　50g
・抹茶　小さじ1
・上白糖　小さじ1

作り方

下準備　抹茶はダマになりやすいので、米粉と合わせて
　　　　2回ふるっておく

1. p.10〜12と同じ要領で共立て生地を焼く。
   - A ボウルに卵と上白糖を入れて湯せんにかけてハンドミキサーで泡立て、ひと肌になったら湯せんをはずしてさらに泡立てる。
   - B 牛乳、米粉＋抹茶（2回に分ける）を順に加えてそのつど混ぜる。
   - C 190度のオーブンで12分焼く。

2. p.12と同じ要領で抹茶入りのガナッシュクリームを作る。
   - ＊抹茶は上白糖と合わせてチョコレートが溶けたら加える
   - A 小鍋に生クリームを入れて火にかけ、沸騰したらホワイトチョコレートを加えて溶かす。
   - B 抹茶と上白糖を合わせてさらさらの状態にしてからAに加え混ぜる。
   - C 冷蔵庫でしっかり冷やしてから、ボウルに移して氷水で底を冷やしながら角が立つまでしっかり泡立てる。

3. 生地の焼き色がついている面に2のクリームを塗り、手前から巻いていく。

4. 形をととのえ、ラップで包み1〜2時間冷蔵庫で冷やす。

GREEN TEA

抹茶スフレの小豆クリームロール（左）

しっとりつややかな抹茶入りのスフレ生地には、ふわふわの小豆クリームを包み込んで。
日本茶と一緒にいただきたい、和風なロールケーキです。

材 料

5 スフレ生地
スフレ生地の材料（p.26）　1台分
　※ただし薄力粉70gは薄力粉60g+抹茶5gにかえる
　※はちみつ30g、上白糖40gは、上白糖70gにかえる
　（バター50g／牛乳大さじ2+40〜70ml／薄力粉60g／抹茶5g／
　卵黄・卵白各3個分／卵1個／上白糖70g）

♣ クリーム 〔小豆クリーム〕
・生クリーム　150ml
・粒あん　150g

作り方

下準備　抹茶はダマになりやすいので、薄力粉と合わせて
　　　　2回ふるっておく

1. p.26〜29と同じ要領でスフレ生地を焼く。
   - A 小鍋にバターと牛乳大さじ2を入れて弱火にかけてバターを溶かし、沸騰したら薄力粉＋抹茶を一気に加えて火からおろし、よく混ぜてまとまったら再度弱火にかけてひとまとめにする。
   - B 火からおろし、熱いうちに卵黄を加えてすばやく混ぜ、溶いた卵も加えて混ぜる。牛乳40〜70mlを少しずつ加えて混ぜる。
   - C 別のボウルに卵白を入れてハンドミキサーで泡立て、全体が泡立ってきたら上白糖を半量ずつ加えて角が立つまで泡立てる。
   - D BにCの1/3量を加えてゴムベラでよく混ぜ、残りも加えて混ぜる。
   - E 170度のオーブンで15分焼く。

2. ボウルに生クリームを入れ、氷水で底を冷やしながら泡立て器のあとが少し残るまで泡立て、粒あんを加えてよく混ぜ合わせる。

3. 生地の焼き色がついている面に2のクリームを塗り、手前から巻いていく。

4. 形をととのえ、ラップで包み1〜2時間冷蔵庫で冷やす。

49

STANDARD

BUCHE DE NOEL
ブッシュ・ド・ノエル I

BUCHE DE NOEL
フロマージュとベリーの白いブッシュ・ド・ノエル

まろやかなやさしい酸味のチーズクリームにはたっぷりのベリーをちらして。
聖夜にぴったりの白いブッシュ・ド・ノエルです。

材料

❤ 共立て生地
共立て生地の材料（p.10）　1台分
（卵3個／上白糖70g／牛乳大さじ2／薄力粉50g）

♣ クリーム〔チーズクリーム〕
・クリームチーズ　150g
・生クリーム　200ml
・上白糖　大さじ4

◆ フィリング・トッピング
・好みのベリー類　合わせて250g
　※いちごやブルーベリー、ラズベリーなど
・メレンゲ菓子、アラザン　各適量

作り方

生地
1. p.10〜12と同様に共立て生地を焼く。
   A ボウルに卵と上白糖を入れて湯せんにかけてハンドミキサーで泡立て、ひと肌になったら湯せんをはずしてさらに泡立てる。
   B 牛乳、薄力粉（2回に分ける）を順に加えてそのつど混ぜる。
   C 190度のオーブンで12分焼く。

クリーム
2. クリームチーズを常温に戻してボウルに入れ、やわらかく練る。
3. 別のボウルに生クリームと上白糖を入れ、氷水で底を冷やしながら角が立つまでしっかり泡立てる。
4. 2に3を少しずつ加えて混ぜ、冷蔵庫でよく冷やす。

ロール&飾る
5. 生地の焼き色がついている面に4のクリーム2/3量を塗り、クリームの上にベリー類150gを（大きければ適当な大きさに切って）まんべんなくちらして手前から巻いていく。
6. 形をととのえ、ラップで包み1〜2時間冷蔵庫で冷やす。
7. 残りのクリームを塗り（a）、残りのベリー類、メレンゲ菓子、アラザンを飾る（b、c）。

a

クリームは上面と側面に塗る。あとでフルーツを飾るのできれいに塗れなくても大丈夫。ゴムベラで気軽に塗って。

b

c

最初に大きいメレンゲ菓子やいちごを並べてから、その間に小さいベリー類を飾っていくとバランスよく並べられる。

STANDARD

BÛCHE DE NOEL
ブッシュ・ド・ノエル Ⅱ

BUCHE DE NOEL
豆腐チョコクリームの黒いブッシュ・ド・ノエル

チョコクリームのおいしさのヒミツは、実はお豆腐。
メープルのこくのある甘さとオレンジの酸味が、おいしいクリームに一役買っています。
たくさん食べてもカラダに負担にならないのもうれしいです。

材料

♣ シフォン生地
シフォン生地の材料（p.18）　1台分
（卵黄・卵白各3個分／上白糖60g／植物油30ml／水40ml／
薄力粉60g）

♣ クリーム〔豆腐チョコクリーム〕
・木綿豆腐　350g
・ココア　大さじ3
・メープルシロップ　100ml
・オレンジの搾り汁　大さじ1

◆ フィリング・トッピング
・バナナ（皮をむいてへたを取り、縦半分に切る）　3本
・オレンジ　2個
・セルフィーユ　適量

作り方

下準備　オレンジは房ごとに切り分けてキッチンペーパーの上にのせ、水分をとっておく。豆腐はキッチンペーパーで包んで重石をのせ、250gくらいになるまで水切りをする（**a**）

1. p.18〜20と同様にシフォン生地を焼く。

   生地
   A ボウルに卵黄と上白糖1/3量を入れて混ぜ、油、水を順に加えて混ぜ、薄力粉も加えて混ぜる。
   B 別のボウルに卵白を入れてハンドミキサーで泡立て、全体が泡立ってきたら残りの上白糖を半量ずつ加えて角が立つまで泡立てる。
   C AにBの1/3量を加えて泡立て器でよく混ぜ、残りも加えて混ぜる。
   D 190度のオーブンで12分焼く。

2. クリーム
   豆腐をフードプロセッサーにかけ（なければ裏ごしをする）、ココア、メープルシロップ、オレンジの搾り汁を加えてさらになめらかになるまで混ぜ合わせ（**b**）、冷蔵庫で冷やす。

3. ロール&飾る
   生地の焼き色がついている面に2のクリーム2/3量を塗り、バナナとオレンジ2/3量を並べる（**c**）。手前からフルーツを包むようにひと巻きして一度しめ、それを芯としてそのまま奥へ巻いていく。

4. 形をととのえ、ラップで包んで1〜2時間冷蔵庫で冷やす。

5. 残りのクリームを塗り、バナナとオレンジをのせてセルフィーユを飾る。

a
下準備は必ずすること。オレンジは水分が多いとベチャッとした仕上がりに。豆腐も水切りをしないと水っぽいクリームになってしまう。

b
豆腐クリームはこのくらいなめらかになるまでフードプロセッサーにかけて。フードプロセッサーがない場合は、豆腐を裏ごしたあと、泡立て器でしっかり混ぜ合わせる。

c
フルーツは隙間をあけずに並べて、フルーツを包むように一気に巻く。クリームを塗っているので、フルーツがはがれず、意外とかんたん。

PEACH MELBA
ピーチメルバロール

桃のロールケーキのクリームはバニラアイス。
ラズベリージャムを塗ってからクリームをのせて、白桃をたっぷりのせて巻き込みます。
ピンクの水玉が愛らしいケーキです。

材料

♥ 別立て生地
別立て生地の材料（p.14）　　1台分
※ただし食紅少量を追加する
（卵黄・卵白各3個分／上白糖70g／牛乳大さじ1／
薄力粉50g／食紅少量）

♣ クリーム
〔ラズベリージャム＋アイスクリーム〕
・バニラアイスクリーム　300ml
・ラズベリージャム　大さじ5

◆ フィリング
白桃（皮やへた、芯を取って刻む）　150g

作り方

1. p.14〜16と同様に別立て生地を作るが、50mlだけ取り分け、ごく少量の水で溶いた食紅を竹串で加える（a）。
   A ボウルに卵黄と上白糖半量を入れてハンドミキサーで混ぜ、白っぽくなったら牛乳を加えてゴムベラで混ぜる。
   B 別のボウルに卵白を入れてハンドミキサーで泡立て、全体が泡立ってきたら残りの上白糖を半量ずつ加えて角が立つまで泡立てる。
   C AにBの1/3量を加えてゴムベラでよく混ぜ、残りも加えて混ぜる。
   D 薄力粉を2回に分けて加え、そのつど混ぜる。
2. 直径1cmの丸口金をセットした絞り袋に食紅を加えた生地を入れ、天板に水玉模様になるようにバランスよく絞り出す（b）。
3. 180度のオーブンで3分焼く（c）。
4. 残りの生地を上から流し入れ、190度で12分焼く。
   ＊ここでは内巻きにするのでオーブンシートをはがして焼き色のついていない面を上にして冷ます。もちろん外巻きでもOK
5. アイスクリームをやわらかくなるまで練る。
6. 生地の焼き色がついている面にジャムを塗り、その上に5のアイスクリームを塗り重ね、その上に白桃をまんべんなくちらして手前から巻いていく。
7. 形をととのえ、ラップで包み1〜2時間冷凍庫で冷やす。
   ＊アイスクリームを使用しているため硬いので、カットするときは注意！　包丁は必ず温めてから使用すること

a

少し入れただけでも色がつくので、食紅は様子を見ながら少しずつ竹串で加えていく。

b

写真のように等間隔に絞り出していくと、仕上がりがきれいに。丸の大きさは好みで、また丸以外の模様ももちろんOK。

c

焼き上がりはこんな感じ。うっすら焼き色がつけばOK。焼くというよりは、表面を乾かすイメージで。

ARRANGE
for FRUIT

MANGO PUDDING
マンゴープリンロール

さっくりとした軽いビスキュイ生地の中には、濃厚なマンゴーのクリームを。
夏のデザートにぴったりの爽やかなロールケーキです。
マンゴークリームは冷やせばマンゴープリンになります。

材料

♥ ビスキュイ生地
ビスキュイ生地の材料（p.22）　1台分
（卵黄・卵白各3個分／上白糖80g／薄力粉80g／粉糖適量）

♣ クリーム〔マンゴークリーム〕
・水　大さじ2
・粉ゼラチン　5g
・マンゴーピューレ　150ml（a）
　※冷凍でも缶詰でもOK
・エバミルク　70ml
・上白糖　大さじ1
・レモン汁　大さじ1
・生クリーム　100ml

◆ フィリング
・マンゴー（缶詰もしくはフレッシュ）　150g
　※フレッシュの場合は、皮をむいて芯を取り、スライスする

作り方

【生地】

1. p.22〜24と同じ要領でビスキュイ生地を焼くが、天板に横に絞り出して焼く。

   A ボウルに卵黄と上白糖1/3量を入れて白っぽくなるまで混ぜる。
   B 別のボウルに卵白を入れてハンドミキサーで泡立て、全体が泡立ってきたら残りの上白糖を半量ずつ加えて角が立つまで泡立てる。
   C AにBの1/3量を加えて泡立て器でよく混ぜ、残りも加えてゴムベラで混ぜる。
   D 薄力粉を2回に分けて加え、そのつど混ぜ、絞り袋に入れて天板に横に絞り出す（b）。
   E 粉糖をふって190度のオーブンで12分焼く。

【クリーム】

2. 容器に水を入れ、粉ゼラチンをふり入れてふやかす。
3. ボウルにマンゴーピューレ、エバミルク、上白糖、レモン汁を入れて混ぜ合わせる。
4. 2を湯せんにかけてゼラチンが溶けたら、3から大さじ2〜3だけを取って加え、よく混ぜてのばしてから、3に加えて混ぜ合わせる。
5. 別のボウルに生クリームを入れ、氷水で底を冷やしながら泡立て器のあとが少し残るくらい泡立てる。
6. 4に5を加え混ぜ、冷蔵庫でよく冷やす。

【ロール】

7. 生地の焼き色がついていない面に6を塗り、汁気をきったマンゴーをまんべんなくちらして手前から巻いていく。
8. 形をととのえ、ラップで包み1〜2時間冷蔵庫で冷やす。

a

マンゴーピューレは冷凍でも缶詰でもOK。また、缶詰のマンゴーをフードプロセッサーやミキサーにかけてピューレ状にしてもOK。フレッシュなものをピューレ状にしてもよいが、ゼラチンが固まりにくいので一度加熱すること。

b

ビスキュイ生地は横に絞り出してもよい。もちろん基本通り斜めでもOK。好みに合わせて選んでみて。

ここで作ったマンゴークリームは、そのまま冷やし固めればマンゴープリンにもなる。この量で直径6cm×高さ7cmの容器（150ml）4個分。クリームのみ倍量で作って、半分はロールケーキに、半分はプリンにしても。

ARRANGE
for FRUIT

CARAMEL APPLE
キャラメルアップルロール

香ばしく焼き上がったキャラメル味の焼きりんごをフィリングにして
つややかなスポンジで巻き上げました。
クリームはシンプルに生クリームで。

材料

♥ スフレ生地
スフレ生地の材料（p.26）　1台分
※ただしはちみつ30g、上白糖40gは、上白糖70gにかえる
※牛乳40〜70mlは、牛乳30〜50ml+カラメルソースを大さじ2にかえる

（バター50g／牛乳大さじ2＋30〜50ml／
カラメルソース大さじ2／薄力粉70g／卵黄・卵白各3個分／
卵1個／上白糖70g）

♣ クリーム〔生クリーム〕
・生クリーム　150ml
・上白糖　小さじ2

◆ フィリング
〔りんごのキャラメルソテー〕
・りんご　1個（正味200g）
※紅玉やジョナゴールドなど酸味のあるものがおすすめ
・バター　15g
・上白糖　大さじ2〜3
・レモン汁　大さじ1

作り方

[生地]
1. p.26〜29と同じ要領でスフレ生地を焼く。
   A 小鍋にバターと牛乳大さじ2を入れて弱火にかけてバターを溶かし、沸騰したら薄力粉を一気に加えて火からおろし、よく混ぜてまとまったら再度弱火にかけてひとまとめにする。
   B 火からおろし、熱いうちに卵黄を加えてすばやく混ぜ、溶いた卵も加えて混ぜ、なめらかになったらカラメルソース、牛乳30〜50mlを少しずつ加えて混ぜる。
   C 別のボウルに卵白を入れてハンドミキサーで泡立て、全体が泡立ってきたら上白糖を半量ずつ加えて角が立つまで泡立てる。
   D BにCの1/3量を加えてゴムベラでよく混ぜ、残りも加えて混ぜる。
   E 170度のオーブンで15分焼く。

[フィリング]
2. りんごは皮をむいて芯を取り、1.5cm角に刻む。
3. フライパンを熱してバターを溶かし、りんご、上白糖、レモン汁を加えて中火で炒める（a）。
4. 水分がなくなり、りんごが薄い茶色になったら完成（b）。冷ましておく。

[クリーム]
5. ボウルに生クリームと上白糖を入れ、氷水で底を冷やしながら角が立つまでしっかり泡立てる。

[ロール]
6. 生地の焼き色がついている面に5のクリームを塗り、クリームの上に4をまんべんなくちらして手前から巻いていく。
7. 形をととのえ、ラップで包み1〜2時間冷蔵庫で冷やす。

カラメルソースの作り方
（作りやすい分量）

1. 鍋に上白糖120gと水大さじ1を入れて火にかけ、鍋をゆすって色を均一にしながら煮溶かす。
   ※完全に溶けて少し色づくまではへらなどでかき回さないこと
2. 焦げ茶色になって香ばしい匂いがしてきたら、火からおろして湯50mlを加える。
   ※跳ねるので十分注意すること

a

りんごは中火でじっくり炒めて。酸味が少ないりんごの場合は、レモン汁を多めに、上白糖を少なめにして調節するとよい。

b

このぐらいの色になるまでしっかり炒める。少し焦げていたほうが、クリームとの相性もよく、ロールケーキにしたときにおいしい。

TIRAMISU
ティラミスロール

しっとりと焼き上がったショコラ生地に、クリーミィなマスカルポーネチーズのクリームを巻いてココアをまといました。食後のデザートにもうれしい、大人なロールケーキです。

材料

♥ ショコラ生地
ショコラ生地の材料（p.34）　1台分
（チョコレート80g／牛乳50ml／卵黄3個分／ココア30g／
卵白5個分／上白糖50g）

♣ クリーム〔ティラミスクリーム〕
・生クリーム　200ml
・上白糖　大さじ3
・マスカルポーネチーズ　200g
・卵黄　1個分

◆ シロップ　*混ぜておく
・インスタントコーヒー、湯　各大さじ1
・ブランデー　小さじ1
・上白糖　小さじ1

◆ トッピング
ココア　適量

作り方

1. p.34〜36と同様にショコラ生地を焼く。
   - **A** ボウルにチョコと牛乳を入れて湯せんにかけて溶かし、湯せんからはずして卵黄、ココアを順に加えてそのつど混ぜる。
   - **B** 別のボウルに卵白を入れてハンドミキサーで泡立て、全体が泡立ってきたら上白糖を半量ずつ加えて角が立つまで泡立てる。
   - **C** AにBの1/3量を加えて泡立て器でよく混ぜ、残りも加えてゴムベラで混ぜる。
   - **D** 170度のオーブンで17分焼く。

2. ボウルに生クリームと上白糖を入れ、氷水で底を冷やしながら角が立つまでしっかり泡立てる。

3. 別のボウルにマスカルポーネチーズを入れて、卵黄、2を順に加えてそのつどよく混ぜる。

4. 生地の焼き色がついている面にシロップをハケで塗り、さらに3のクリームの2/3量を塗り重ねて手前から一気にひと巻きする。

5. 形をととのえ、ラップで包み1〜2時間冷蔵庫で冷やす。

6. 残りのクリームを塗ってココアをふる。

ARRANGE

CHAI
チャイロール

紅茶の葉を入れたしっとりスポンジに、キリリとアクセントをきかせたスパイス風味のクリームを。
まるでチャイを飲んでいるような味わい深いロールケーキです。

材料

① 共立て生地
- 共立て生地の材料（p.10）　1台分
  （卵3個／上白糖70g／牛乳大さじ2／薄力粉50g）
- 紅茶の葉（すりつぶしたもの）　10g

♣ クリーム〔スパイスバタークリーム〕
- バタークリームの材料（p.30）　1台分
  （バター100g／卵白1個分／上白糖40g）
- 好みのスパイス　合わせて小さじ1/2
  *シナモンやナツメグ、カルダモンなど（a）

a
スパイスはシナモンだけでもOKですが、数種類混ぜるとさらに味わい深くなる。ナツメグやカルダモン、ジンジャーなどもよく合う

作り方

下準備　紅茶の葉は、薄力粉と一緒にふるっておく

1. p.10〜12と同じ要領で共立て生地を焼く。
   - **A** ボウルに卵と上白糖を入れて湯せんにかけてハンドミキサーで泡立て、ひと肌になったら湯せんをはずしてさらに泡立てる。
   - **B** 牛乳、薄力粉＋紅茶の葉（2回に分ける）を順に加えて混ぜる。
   - **C** 190度のオーブンで12分焼く。
   - ※ここでは外巻きにするので、焼き色のついている面を上にして冷ます。もちろん内巻きでもOK

2. p.33と同様にバタークリームを作る。
   - **A** バターを室温に戻してやわらかく練る。
   - **B** 別のボウルに卵白を入れてハンドミキサーで泡立て、上白糖を加えて角が立つまで泡立てる。
   - **C** AにBを少しずつ加えて混ぜる。

3. 2にスパイスを加えてよく混ぜる。

4. 生地の焼き色がついていない面に3のクリームを塗り、手前から巻いていく。

5. 形をととのえ、ラップで包み1〜2時間冷蔵庫で冷やす。

BEAN CURD
豆腐と小豆のもちもちロール

ベースはシフォン生地の作り方ですが、水の代わりにお豆腐を、
薄力粉の代わりにタピオカ粉を混ぜて作るので
このうえなくしっとり＆もちもちなロールになりました。

材料

♥ シフォン生地
シフォン生地の材料（p.18）　1台分
※ただし水40mlは絹ごし豆腐100gにかえる
※薄力粉60gは薄力粉20g+タピオカ粉40gにかえる
（卵黄・卵白各3個分／上白糖60g／植物油30ml／
絹ごし豆腐100g／薄力粉20g／タピオカ粉40g）

♣ クリーム〔小豆＋生クリーム〕
・生クリーム　150ml＋大さじ1〜2
・粒あん　180g

作り方

下準備　タピオカ粉は薄力粉と合わせてふるっておく

[生地]

1. p.18〜20と同じ要領でシフォン生地を焼くが、最初だけ手順をかえて生地を作る（以下A・B）。
   A ボウルに豆腐を入れて上白糖の1/3量を入れて、泡立て器で混ぜくずす（a）。
   B Aに卵黄、油を順に加えて混ぜ、これ以降は基本（p.19の2から）と同様。ふるった薄力粉＋タピオカ粉を加えて混ぜる。
   C 別のボウルに卵白を入れてハンドミキサーで泡立て、全体が泡立ってきたら残りの上白糖を半量ずつ加えて角が立つまで泡立てる。
   D BにCの1/3量を加えて泡立て器でよく混ぜ、残りも加えて混ぜる。
   E 190度のオーブンで12分焼く。

[クリーム]

2. ボウルに生クリーム150mlを入れ、氷水で底を冷やしながら角が立つまでしっかり泡立てる。粒あんは生クリーム大さじ1〜2と合わせてのばしておく。

[ロール]

3. 生地の焼き色がついている面に2の粒あんを塗り、さらに泡立てた生クリームを塗り重ねて手前から巻いていく。
4. 形をととのえ、ラップで包み1〜2時間冷蔵庫で冷やす。

a
豆腐はこのぐらいまでなめらかになればOK。多少のつぶつぶは問題ない。

ARRANGE
for JAPANESE

SOYBEAN FLOUR
きなこと黒蜜のロール

ふわふわのスポンジにきなこのよい香りを漂わせて。
生クリームにはあえて砂糖を加えずに仕立て
たっぷりの黒蜜のおいしさを堪能します。

材料

❤ 共立て生地
共立て生地の材料（p.10）　1台分
※ただし薄力粉50gは薄力粉30g+きなこ20gにかえる
（卵3個／上白糖70g／牛乳大さじ2／薄力粉30g／きなこ20g）

♣ クリーム〔黒蜜＋生クリーム〕
・生クリーム　180ml
・黒蜜　50ml

◆ トッピング
・黒豆の甘煮、生クリーム　各適量

作り方

下準備　きなこは薄力粉と合わせてふるっておく

1. p.10〜12と同じ要領で共立て生地を焼く。
   - A ボウルに卵と上白糖を入れて湯せんにかけてハンドミキサーで泡立て、ひと肌になったら湯せんをはずしてさらに泡立てる。
   - B 牛乳、薄力粉＋きなこ（2回に分ける）を順に加えてそのつど混ぜる。
   - C 190度のオーブンで12分焼く。

2. ボウルに生クリームを入れ、氷水で底を冷やしながら角が立つまでしっかり泡立てる。

3. 生地の焼き色がついている面に2の生クリームを塗り、クリームの上に黒蜜をたらして手前から巻いていく（b）。

4. 形をととのえ、ラップで包み1〜2時間冷蔵庫で冷やす。

5. ボウルにトッピング用の生クリームを入れ、氷水で底を冷やしながら泡立て器のあとが少し残るくらい泡立てて上面に絞り、黒豆を飾る。

黒蜜の作り方
（作りやすい分量）

1. 黒砂糖100gと水50mlを小鍋に入れて火にかけ、少しとろりとするくらいまであくを取りながら煮詰める（a）。

2. 粗熱を取り、冷ます。

a 黒蜜は少しとろりとする程度まで煮詰めればOK。それ以上煮詰めてどろどろに仕上げると、冷えたときに固まってしまうので注意。

b 黒蜜はクリームの上にまんべんなくたらす。スプーンで線状にたらしていくと手早くできる。

ARRANGE

for NUT

MONT BLANC
モンブランロール

みんなが大好きなモンブランをロールケーキに。
シンプルに巻いただけでもおいしいですが、モンブランクリームを絞って飾るとさらにおいしい！
見た目も華やかになりました。

材料

❻ アーモンド生地
アーモンド生地の材料（p.30）　1台分
（アーモンドプードル60g／上白糖80g／卵2個／卵白2個分／
薄力粉40g／バター15g）

♣ クリーム〔カスタードクリーム ＋ 生クリーム〕
・カスタードクリームの材料（p.34）　約2台分
　※ただし以下の分量に変える
（牛乳150ml／バニラビーンズ1/2本／卵黄2個分／
上白糖50g／薄力粉30g／バター15g）
・生クリーム　150ml

◆ フィリング
栗の渋皮煮（適当な大きさに刻む）　150g

◆ トッピング〔モンブランクリーム〕
・生クリーム　50ml＋大さじ2〜3
・マロンペースト 150g
・ラム酒　小さじ1
・栗の渋皮煮　8個
・巻きチョコ、粉糖　各適量
・くるみ　適量
　※170度のオーブンで15分ほどローストしたもの

作り方

1. p.30〜32と同様にアーモンド生地を焼く。
   - **A** ボウルにアーモンドプードルと上白糖半量を合わせてふるい入れ、卵を加えて白っぽくなるまで混ぜる。
   - **B** 別のボウルに卵白を入れてハンドミキサーで泡立て、全体が泡立ってきたら残りの上白糖を半量ずつ加えて角が立つまで泡立てる。
   - **C** AにBの1/3量を加えて泡立て器でよく混ぜ、残りも加えてゴムベラで混ぜる。
   - **D** 薄力粉を2回に分けて加え、そのつど混ぜる。
   - **E** 溶かしバターを加え混ぜる。
   - **F** 190度のオーブンで10分焼く。

2. p.36〜37と同様にカスタードクリームを作り、生クリームと合わせる。
   - **A** 小鍋に牛乳と種を取ったバニラビーンズをさやと一緒に入れて火にかけ、沸騰直前まで温める。
   - **B** ボウルに卵黄と上白糖を入れて混ぜ、白っぽくなったら薄力粉を加えて混ぜ、Aも少しずつ加えて混ぜる。
   - **C** こし器でこして鍋に戻し、弱火にかけてとろみがつくまで混ぜながら加熱する。
   - **D** 火からおろしてバターを加えて混ぜ、冷蔵庫で冷やす。
   - **E** 氷水で底を冷やしながら生クリームを角が立つまで泡立てる。
   - **F** Dをボウルに移してゴムベラで混ぜ、Eを少しずつ加えて混ぜる。

3. 生地の焼き色がついている面に**2**のクリームを塗り、クリームの上に栗をまんべんなくちらして手前から巻いていく。

4. 形をととのえ、ラップで包み1〜2時間冷蔵庫で冷やす。

5. ボウルにトッピング用の生クリーム50mlを入れ、氷水で底を冷やしながら泡立て器のあとが少し残るくらい泡立てる。

6. 別のボウルに生クリーム大さじ2〜3、一度裏ごししたマロンペースト、ラム酒を入れてなめらかになるまで混ぜてモンブランクリームを作り、口金をセットした絞り袋に入れる。

7. ロールケーキの上に**5**の生クリームを塗り（**a**）、その上に**6**のモンブランクリームを絞る（**b**）。栗、巻きチョコ、くるみを飾って粉糖をふる。

a 生クリームは、のりの役目。生地の上に直接モンブランクリームを塗るとはがれてしまうが、生クリームを塗っておくとしっかり密着する。

b モンブランクリームはモンブラン用の口金を使って絞ると見た目がきれいに。生クリームの上に絞り出していく。

ARRANGE

for FRUIT

DARK CHERRY
ココア生地のダークチェリーロール

ドイツのお菓子「キッシュトルテ」をロールケーキに。
クリームとピスタチオで飾られたたたずまいが愛らしい。
甘酸っぱいチェリーはココア入りのふわふわの生地で巻き込みます。

材料

 別立て生地
別立て生地の材料（p.14）　1台分
※ただし牛乳大さじ1は大さじ2にかえる
※薄力粉50gは薄力粉30g＋ココア20gにかえる
（卵黄・卵白各3個分／上白糖70g／
　牛乳大さじ2／薄力粉30g／ココア20g）

♣ **クリーム〔キルシュクリーム〕**
・生クリーム　150ml
・上白糖　小さじ2
・キルシュ　小さじ1

◆ **フィリング**
・ダークチェリー　150g
・チョコレート（削ったもの）　30g

◆ **トッピング**
・生クリーム　50ml
・上白糖　小さじ1/2
・ダークチェリー　6個
・チョコレート（削ったもの）　適量
・ピスタチオ（刻んだもの）　適量
・粉糖　適量

作り方

下準備　ココアは薄力粉と合わせてふるっておく

1. p.14～16と同じ要領で別立て生地を焼く。
   - A ボウルに卵黄と上白糖半量を入れてハンドミキサーで混ぜ、白っぽくなったら牛乳を加えてゴムベラで混ぜる。
   - B 別のボウルに卵白を入れてハンドミキサーで泡立てて、全体が泡立ってきたら残りの上白糖を半量ずつ加えて角が立つまで泡立てる。
   - C AにBの1/3量を加えてゴムベラでよく混ぜ、残りも加えて混ぜる。
   - D 薄力粉＋ココアを2回に分けて加え、そのつど混ぜる。
   - E 190度のオーブンで12分焼く。
     ＊ここでは内巻きにするので、オーブンシートをはがして焼き色のついていない面を上にして冷ます。もちろん外巻きでもOK

2. ボウルに生クリームと上白糖、キルシュを入れ、氷水で底を冷やしながら角が立つまでしっかり泡立てる。

3. 生地の焼き色がついている面に**2**のクリームを塗り、クリームの上に汁気をきったチェリーとチョコレートをまんべんなくちらして手前から巻いていく。

4. 形をととのえ、ラップで包み1～2時間冷蔵庫で冷やす。

5. ボウルにトッピング用の生クリームと上白糖を入れ、氷水で底を冷やしながら泡立て器のあとが少し残るくらい泡立てる。

6. ロールケーキの上に**5**を塗り、チョコレート、チェリー、ピスタチオを飾り、粉糖をふる（a）。

a
クリームは上面だけにこんもりとのせると愛らしい印象に。チェリーは等間隔に一列に並べるとバランスがよくなる。

ROSE
バラの乙女ロール

バラの香りがふんわりと漂うロールケーキは、フィリングも入れずにとびっきりシンプルにして、
バラのジャムを存分に味わう組み合わせにしました。上品でロマンティックなイメージのロールです。

材料

 別立て生地
別立て生地の材料（p.14）　1台分
（卵黄・卵白各3個分／上白糖70g／牛乳大さじ1／薄力粉50g）

♣ **クリーム**〔バラのジャム ＋ 生クリーム〕
・生クリーム　200ml
・上白糖　大さじ1
・バラのジャム　大さじ5

a
バラのジャムは大きめのスーパーやデパートの食品店で購入可能。ここで使ったものは、FAUCHONの花びら入りのもの。

作り方

生地
1. p.14〜16と同様に別立て生地を焼く。
   A ボウルに卵黄と上白糖半量を入れてハンドミキサーで混ぜ、白っぽくなったら牛乳を加えてゴムベラで混ぜる。
   B 別のボウルに卵白を入れてハンドミキサーで泡立て、全体が泡立ってきたら残りの上白糖を半量ずつ加えて角が立つまで泡立てる。
   C AにBの1/3量を加えてゴムベラでよく混ぜ、残りも加えて混ぜる。
   D 薄力粉を2回に分けて加え、そのつど混ぜる。
   E 190度のオーブンで12分焼く。
   ＊ ここでは内巻きにするので、オーブンシートをはがして焼き色のついていない面を上にして冷ます。もちろん外巻きでもOK

クリーム
2. ボウルに生クリームと上白糖を入れ、氷水で底を冷やしながら泡立て器のあとが少し残るくらい泡立てる。
3. 2のクリームの1/3量を別のボウルに取り分け、残りをさらに硬く泡立てる。

ロール&飾る
4. 生地の焼き色がついている面にジャムを塗って、さらに3のクリームも塗り重ねて手前から巻いていく。
5. 形をととのえ、ラップで包み1〜2時間冷蔵庫で冷やす。
6. 取り分けておいた生クリームを周りに塗る。

CHERRY BLOSSOM
桜といちごの白あんロール

生クリームに白あんを加えた和洋折衷なロールケーキは、生地に米粉を使ってちょっぴりもっちりな食感に。塩漬けにした桜のしょっぱさがくせになる、春の到来を告げるロールです。

材料

❤ 共立て生地
- 共立て生地の材料（p.10）　1台分
  ※ただし薄力粉50gは、米粉50gにかえる
  （卵3個／上白糖70g／牛乳大さじ2／米粉50g）
- 桜の葉　4枚　・桜の花　適量

♣ クリーム〔白あん＋生クリーム〕
- 生クリーム　150ml＋大さじ1～2
- 白あん　150g

◆ フィリング　いちご（へたを取って刻む）　150g

a
桜は、まず葉を等間隔に並べて、その間に花をちらすようにして並べるとバランスがとれる。ずれないように、生地を流すときはそっと入れて。

作り方

下準備　桜の葉、花は水洗いし、水につけて塩抜きをしてから、よく水気をふきとってオーブンシートを敷いた天板に並べる（**a**）

生地

1. p.10～12と同じ要領で共立て生地を焼く。
   ＊天板に桜の葉、花を並べているので、生地はそっと流し入れる
   A ボウルに卵と上白糖を入れて湯せんにかけてハンドミキサーで泡立て、ひと肌になったら湯せんをはずしてさらに泡立てる。
   B 牛乳、米粉（2回に分ける）を順に加えてそのつど混ぜる。
   C 190度のオーブンで12分焼く。

クリーム

2. ボウルに生クリーム150mlを入れ、氷水で底を冷やしながら角が立つまでしっかり泡立てる。
3. 別のボウルに白あんを入れ、生クリーム大さじ1～2を加えてのばす。

ロール

4. 生地の焼き色がついている面に3の白あんを塗り、さらに2の生クリームも塗り重ねて、その上にいちごをまんべんなくちらして手前から巻いていく。
5. 形をととのえ、ラップで包み1～2時間冷蔵庫で冷やす。

ARRANGE
for VEGETABLE

SWEET POTATO
スイートポテトロール

アーモンドプードルの代わりにごまをたっぷり入れて香り高い生地に焼き上げました。
巻き込んだのは、甘いさつまいものクリーム。
カットした断面もとってもかわいいロールケーキです。

材料

６ アーモンド生地
- アーモンド生地の材料（p.30）　１台分
  ※ただしアーモンドプードル60gは、すりごま（白）60gにかえる
  （すりごま（白）60g／上白糖80g／卵2個／卵白2個分／薄力粉40g／バター15g）
- いりごま（黒）　大さじ２

♣ クリーム〔さつまいもクリーム＋生クリーム〕
- さつまいもクリーム　250g
- 生クリーム　120ml

作り方

（生地）
1. p.30〜32と同じ要領でアーモンド生地を焼く。
   ＊いりごまは、バターを入れたあとに加えて混ぜる
   A　ボウルにすりごまと上白糖半量を合わせてふるい入れ、卵を加えて白っぽくなるまで混ぜる。
   B　別のボウルに卵白を入れてハンドミキサーで泡立て、全体が泡立ってきたら残りの上白糖を半量ずつ加えて角が立つまで泡立てる。
   C　AにBの1/3量を加えてゴムベラでよく混ぜ、残りも加えて混ぜる。
   D　薄力粉を2回に分けて加え、そのつど混ぜる。
   E　溶かしバターを加え混ぜ、いりごまも加えて混ぜる。
   F　190度のオーブンで10分焼く。

（クリーム）
2. ボウルに生クリームを入れ、氷水で底を冷やしながら角が立つまでしっかり泡立てる。

（ロール）
3. 生地の焼き色がついている面にさつまいもクリームを塗り、さらにその上に生クリームを塗り重ねて手前から巻いていく。
4. 形をととのえ、ラップで包み１〜２時間冷蔵庫で冷やす。

さつまいもクリームの作り方
（作りやすい分量）

1. さつまいも200g（正味）を１cm厚さに切り、皮を厚くむいて水にさらす。
2. 鍋に**1**を入れ、かぶるくらい水を注いで火にかけ、やわらかく煮る。
3. 水気をきってフードプロセッサーにかけるか裏ごしをして（**a**）、上白糖60gと生クリーム50mlを加えてよく混ぜ合わせる（**b**）。

a

さつまいもは、フードプロセッサーがなければ裏ごしすればOK。

b

これでさつまいもクリームの完成。硬めの仕上がりのため、このまま茶巾絞りのようにしてもおいしい。

ARRANGE

for VEGETABLE

CARROT&CHEESE
にんじんとチーズクリームのスパイスロール

にんじんのすりおろしとシナモンを加えて焼いた
風味豊かなシフォン生地に、チーズクリームをたっぷりと。
ちょっぴりスパイシーで個性的なケーキです。

材料

3 シフォン生地

シフォン生地の材料 (p.18)　1台分

※ただし水40mlは、水大さじ1+にんじんのすりおろし50g+
　レモン汁小さじ1にかえる

※シナモン小さじ1/2を追加する

（卵黄・卵白各3個分／上白糖60g／植物油30ml／
水大さじ1／にんじんのすりおろし50g／
レモン汁小さじ1／薄力粉60g／シナモン小さじ1/2）

♣ クリーム〔チーズクリーム〕

・クリームチーズ　100g
・生クリーム　150ml
・上白糖　大さじ2

作り方

下準備　薄力粉とシナモンを合わせてふるっておく

生地

1. p.18〜20と同じ要領でシフォン生地を焼く。

   A ボウルに卵黄と上白糖1/3量を入れて混ぜ、油、水、にんじん
   のすりおろし、レモン汁を順に加えて混ぜ、薄力粉＋シナモ
   ンも加えて混ぜる。

   B 別のボウルに卵白を入れてハンドミキサーで泡立て、全体が
   泡立ってきたら残りの上白糖を半量ずつ加えて角が立つまで
   泡立てる。

   C AにBの1/3量を加えて泡立て器でよく混ぜ、残りも加えて混
   ぜる。

   D 190度のオーブンで12分焼く。

クリーム

2. クリームチーズを室温に戻してボウルに入れ、やわらか
   く練る。

3. 別のボウルに生クリームと上白糖を入れ、氷水で底を冷やし
   ながら角が立つまでしっかり泡立てる。

4. 2に3を少しずつ加えて混ぜ、冷蔵庫でよく冷やす。

ロール

5. 生地の焼き色がついている面に4のクリームを塗り、手前
   から巻いていく。

6. 形をととのえ、ラップで包み1〜2時間冷蔵庫で冷やす。

WHITE & WHITE
白いロールケーキ

真っ白いヒミツは、卵黄を使わない生地と〝カルピス〟のクリーム。
さっぱりと爽やかな味のロールケーキです。
この生地だけは PART 1で紹介していないものですが
シフォン生地の作り方と似ている方法で焼き上げます。

材料

♥ 卵白生地
・植物油　40ml
・牛乳　50ml
・薄力粉　50g
・スキムミルク　30g
・卵白　5個分
・上白糖　60g

♣ クリーム〔カルピスクリーム〕
・生クリーム　180ml
・カルピス　50ml

◆ トッピング
生クリーム　適量

作り方

生地

1. ボウルに植物油と牛乳を入れて泡立て器でよく混ぜ、さらに薄力粉とスキムミルクも加えてなめらかになるまでよく混ぜる。
2. 別のボウルに卵白を入れてハンドミキサーで泡立て、全体が泡立ってきたら上白糖半量を加える。
3. よく泡立てて残りの上白糖も加え、角が立つまでさらに泡立てる。
4. 1に3の1/3量を加えて泡立て器でよく混ぜ、残りも加えて混ぜ合わせる。
5. オーブンシートを敷いた天板に4を流し入れ、170度のオーブンで15〜18分焼く。
6. ラップを敷いたケーキクーラーの上に焼き色がついていない面を上にしてのせてオーブンシートをはがし、はがしたシートをかぶせて冷ます。

クリーム

7. ボウルに生クリームとカルピスを入れて、底を氷水で冷やしながら角が立つまでしっかり泡立てる。

ロール

8. 生地の焼き色のついている面に7のクリームを塗り、手前から巻いていく。
9. 形をととのえ、ラップで包み1〜2時間冷蔵庫で冷やす。
10. 好みで上面に泡立て器のあとが残るくらい泡立てた生クリームを絞る。

ロールケーキのラッピング

おいしいロールケーキが作れたら、お友達にもおすそわけ。
おうちにあるものでかわいくできるロールケーキのラッピングを
スタイリストの鈴木亜希子さんに教えてもらいました。

♠ 1本を包む

ラップでしっかりと包んだロールケーキを、かわいい柄のペーパーナプキンでくるんでリボンでとめました。デコレーションしたものは箱が必要ですが、シンプルなものならこんなさりげない装いが、相手の負担にもならずぴったりです。お手持ちのペーパーナプキンや包装紙でできるアイディアです。

♠ カットしたものを包む

ロールケーキのカット幅に合わせてマチを作ったPPバックに、ロールケーキを入れてリボンでギュッと結びます。断面に小さく切ったオーブンシートを両面に貼っておけば、クリームで袋が汚れて見た目が悪くなることもなく、また、すぐにその場で食べてもらえるので一石二鳥。「の」の字がかわいいラッピングです。

PART 3
ARRANGE SWEETS

ロールケーキの生地を使って楽しむ
アレンジスウィーツ

ロールケーキの生地は、
いろいろなお菓子にアレンジできるすぐれもの。
ロールケーキの生地はフライパンで焼いてもおいしいし、
焼いた四角い薄いスポンジも、実はいろいろなお菓子にカスタマイズできます。
ここでは、ロールケーキ生地で作るアレンジスウィーツと
焼いたロールケーキ用のスポンジを使って作るアレンジスウィーツを紹介します。
ロールケーキにはちょっと飽きたかな、
というときはぜひこちらも挑戦してみてください。

Arrange Sweets
アレンジ スウィーツ

BANANA OMELETTE
バナナオムレット

ロールケーキの生地は、なにもオーブンでなくてもフライパンでもおいしく焼き上がります。
しっとりスポンジにバナナを挟んで生クリームを絞れば
それだけでおいしい3時のおやつの完成です。

材料 〔約10cm長さのオムレット＝4個分〕

♥ **生地**
- 卵黄・卵白　各2個分
- 上白糖　50g
- 牛乳　大さじ1
- 薄力粉　35g
- ココア　15g

※プレーンの場合は、ココアをなくして薄力粉35gを薄力粉40gに変える。作り方はどちらも同じ
※この生地はp.14の別立て生地がもとになっていますが、フライパンで焼くとやぶれやすいため少し配合をかえ、また作りやすい分量に直しています

◆ **フィリング**
- 生クリーム　120ml
- 上白糖　小さじ2
- バナナ　4本

作り方

下準備　ココア味を作る場合は薄力粉と合わせてふるっておく

1. p.14～16と同じ要領で別立て生地を作る（工程**1**～**5**まで）。

2. フライパンを熱し、植物油（分量外）を薄く引いて濡れふきんの上にのせる。そのままの状態で生地を流し入れ、スプーンで丸くのばす（**a**）。

3. ふたをしてごく弱火でじっくり焼き、ふつふつと小さな穴ができたら（**b**）ひっくり返す。

4. 生地の中央を触ってみて、弾力がでてきたら焼き上がり。皿にとって冷まし、粗熱が取れたらラップでくるみ、でき上がりの形に半分に折ってとめておく（**c**）。

5. ボウルに生クリームと上白糖を入れ、氷水で底を冷やしながら角が立つまでしっかり泡立てる。

6. **4**のラップをはがしてバナナを挟み、**5**のクリームを絞る。

a

熱したフライパンを一度濡れふきんにのせると熱が均一化され焼き上がりがきれいに。

b

こんな感じで穴があいてきたら裏返すタイミング。それまでは絶対に触らないこと！

c

完全に冷めてから半分に折ると、生地がやぶれてしまうことがあるので、粗熱が取れたら折っておくとよい。

Arrange Sweets

YOGHURT CHARLOTTE
キウイフルーツのヨーグルトシャルロット

ビスキュイ生地の作り方を覚えたら、ぜひ挑戦してもらいたいシャルロット。
生地の絞り方が違うだけで、生地の作り方は一緒です。
華やかで目にもおいしいケーキです。

材料 （底の抜ける直径18cmの丸型＝1台分）

- ❤4 ビスキュイ生地と同じ材料 (p.22)
- 水　大さじ2
- 粉ゼラチン　5g
- 牛乳　50ml
- 上白糖　80g
- プレーンヨーグルト　200ml
- レモン汁　大さじ1
- 生クリーム　200ml
- キウイフルーツ（皮をむいてスライス）　4〜5個

作り方

1. p.22〜24と同様にビスキュイ生地を作り（工程1〜4まで）、直径1cmの丸口金をセットした絞り袋に入れる。

2. オーブンシートを敷いた天板に、直径17cmの丸になるようにうず状に（a）、6cm幅×25〜28cm長さになるように帯状に2本（b）、それぞれ絞り出す。
   ＊生地は余るが、ひと口大に丸く絞って焼けば、ダコワーズのような焼き菓子に。ジャムを挟んで食べるとおいしい。焼き時間は以下と同じでOK

3. 粉糖をふり、190度のオーブンで10〜12分焼く。焼き色のついている面を上にしてケーキクーラーの上にのせ、完全に冷めたらラップをかけて乾燥しないようにする。

4. 容器に水を入れ、粉ゼラチンをふり入れてふやかす。

5. 小鍋に牛乳と上白糖を入れて火にかけ、上白糖が溶けたら火を止めて4を加え、溶かす。

6. 5をボウルに移して冷まし、粗熱が取れたらヨーグルト、レモン汁を加え、氷水で底を冷やしながら混ぜてとろみをつける。

7. 別のボウルに生クリームを入れ、氷水で底を冷やしながら泡立てる。6と同じくらいの硬さになったら6に加え、混ぜ合わせる。

8. ケーキ型の底に焼き色が上になるように丸い生地を、側面に焼き色が外側になるように帯状の生地を、セットする（c）。

9. 7を流し入れ、冷蔵庫で2〜3時間冷やす。

10. 型から抜いてキウイフルーツを飾る。

a
この部分が底となる。中心からうずを巻くようにして絞り出すときれいにできる。

b
この部分は側面となる。慣れないひとは、オーブンシートに目安となる線を書いておくと同じ幅で絞り出せる。

c
粉糖をふっているので、焼き色がついている面を外側にするとべたついて皿にくっついたりするため、底面は焼き色を内側に、逆に側面は見た目がきれいな焼き色を外側にする。

Arrange Sweets

SCOP CAKE

スコップケーキ

ロールケーキの生地なら、スコップケーキだってかんたんです。
ここではシフォン生地で作っていますが、好みでどの生地でも。
フルーツも好みのものや季節のものをどうぞ。

材料〔15×29×高さ5cmの皿＝1台分〕

- ❸ シフォン生地（p.18〜20） 焼いたもの1枚
- 生クリーム 400ml
- 上白糖 大さじ1
- 好みのフルーツ（へた、芯、皮を取って刻む） 合わせて500g
  ※いちご、メロン、オレンジ、キウイフルーツなど
- ミント 適量

作り方

1. ボウルに生クリームと上白糖を入れ、氷水で底を冷やしながら角が立つまでしっかり泡立てる。

2. シフォン生地を皿に合わせてカットし、底に敷く。

3. **1**のクリームを薄く塗り、フルーツ300gを並べて上から**1**を塗る（**a**）。

4. 残った生地を皿にはまるようにカットし、上に敷き詰める。上面に**1**のクリームを塗り、クリームが残ったらスプーンでランダムに落としてフルーツ200gを並べ、ミントを飾る。

   ＊ここで使用している皿の場合、2枚分の生地をきれいにとることはできないが、最後に生クリームで覆ってしまうので、残った生地をカットして敷き詰めればOK。ちょうどぴったりおさまるはず

a
フルーツはたっぷり、隙間なく敷き詰めるようにするとおいしい。

Arrange Sweets

DOME ICE CREAM
ロールケーキのドームアイス

ジャムを巻いただけのシンプルなロールケーキを器にして、
中にアイスをたっぷりと詰めました。迫力のある見た目は、おもてなしにも。
うれしい歓声が上がること間違いなしです。

材料〔直径19cm×高さ8cmのボウル＝1台分〕
- ① 共立て生地（P10〜12）　焼いたもの1枚
- ブルーベリージャム　大さじ5
- 好みのアイスクリーム　1000ml

作り方

1. 共立て生地の焼き色がついている面にブルーベリージャムを塗って巻き、ラップで包んで冷蔵庫で1〜2時間冷やす。

2. 1を1cm厚さに切り、ラップを敷いたボウルに敷き詰める。

3. アイスクリームをやわらかくなるまで練り、2の中に詰めて（a）冷凍庫で半日冷やす。

4. ボウルに皿をのせてひっくり返してラップをはがす。
   ＊硬いのでカットするときは注意！ 包丁は必ず温めてから使用すること

a
ロールケーキはなるべく隙間ができないように敷き詰めて。ここではアイスはバニラを使用

Arrange Sweets

PRESENT CAKE
プレゼントケーキ

カットした生地をくるくる巻けば、いろんな大きさの丸いケーキのでき上がり。
ここでは5台分の生地で4段ケーキを作っていますが、2台だけでも小ぶりな3段ケーキは作れます。
ウェディングにお誕生日会に、シチュエーションに合わせて作ってみて。

材料〔4段ケーキ＝1台分〕
　※一番大きいもの：直径24cm
　　重ねた合計の高さ：30cm

・♥別立て生地 (p.14〜16)　焼いたもの5枚
・生クリーム　1000ml
・上白糖　大さじ5
・いちご (へたを取ってスライス)　約700g (3パック分)

作り方

1. 生クリーム500mlは上白糖大さじ3を入れ、氷水で底を冷やしながら角が立つまでしっかり硬く泡立てる。残りの500mlは上白糖大さじ2を入れ、泡立て器のあとが少し残るくらいやわらかく泡立てる。

2. 別立て生地を長細く4等分し（**a**）、焼き色のついている面に硬く泡立てた生クリームを大さじ4だけ残して塗り、クリームの上にいちごをまんべんなくちらす。
　＊1枚1枚塗っていちごを並べるのは大変なので、4等分した生地を隙間なく並べて一気に生クリームを塗ると手早くできる

3. 以下を参考に、端から生地をくるくると巻いていき（**b**）、サイズの違う4つの丸いケーキを作る（**c**）。
　・巻く枚数
　　特大 (直径24cm) ／13枚 (3と$1/4$台分)
　　大 (直径15cm) ／4枚 (1台分)
　　中 (直径9cm) ／2枚 ($2/4$台分)
　　小 (直径4cm) ／1枚 ($1/4$台分)

4. 形をととのえ、ラップで包み冷蔵庫で1〜2時間冷やす。
　＊特大のものは形がくずれやすいので、オーブンシートなどを巻きつけて少し支えてあげるとよい

5. やわらかく泡立てた生クリームを飾り用に100ml分だけ残して周りに塗り、硬く泡立てた生クリームの残りをのり代わりに間に挟みながら、特大、大、中、小の順にケーキを重ねる。
　＊このとき、倒れそうなら竹串などを中心に刺して支えるとよい

6. 飾り用で残しておいたやわらかい生クリームを上面に絞る。

a
正方形の型なので、縦からでも横からでもどちらから切ってもOK。均等に4つに切る。

b
複数枚巻くものは、1枚巻き終わったらそれを芯として続けて次の生地も巻きつけていく。

c
巻きつける枚数によって大きさを変えられるので、好みやシチュエーションに合わせて作ってみても。

PROFILE

Junko ♥ Fukuda

福田 淳子

菓子研究家、フードコーディネーター。カフェなどでメニュー開発や店舗の立ち上げを経験後、雑誌や書籍、広告などで幅広く活躍。おいしいのはもちろんのこと、身近な材料で簡単に作れるレシピやアレンジ、アイデアに定評がある。著書に『新版野菜がたくさん食べられるキッシュの本』、『新版12ヵ月の季節の果物をうんと楽しむ タルトとケーキ』『チーズケーキ パーフェクトブック』『シフォンケーキパーフェクトブック』（ともに小社刊）。

〈ブログ：Small, Good Things http://sakuracoeur.petit.cc/〉

STAFF

art direction & design	平木千草
photograph	砂原 文
styling	鈴木亜希子
special thanks	伊藤芽衣
printing direction	水澤弘幸（株式会社 DNP）
proofeading	西進社

Cooperation
製菓材料提供

cuoca（クオカ）　http://www.cuoca.com
0120-863-639（10：00〜18：00）

新版　食感で生地を選ぶ
ロールケーキ

2016年2月22日　初版第1刷発行

著　者	福田淳子
発行者	滝口直樹
発行所	株式会社 マイナビ出版
	〒101-0003 東京都千代田区一ツ橋2-6-3 一ツ橋ビル2F
	TEL　0480-38-6872（注文専門ダイヤル）
	TEL　03-3556-2731（販売部）／TEL　03-3556-2735（編集部）
	http://book.mynavi.jp
印刷・製本	大日本印刷株式会社

ISBN978-4-8399-5878-7 C5077
©2016 Mynavi Publishing Corporation　©2016 JUNKO FUKUDA
Printed in Japan

○本書は2010年4月に発行された『食感で生地を選ぶ　ロールケーキ』の内容に一部変更を加えた再編集版です。
○定価はカバーに記載してあります。
○乱丁・落丁本はお取り替えいたします。
　お問い合わせは、TEL：0480-38-6872［注文専用ダイヤル］または、
　電子メール：sas@mynavi.jp までお願いします。
○内容に関するご質問等がございましたら、往復はがき、または封書の場合は返信用切手、返信用封筒を同封の上、マイナビ出版編集2部2課までお送りください。
○本書は著作権法上の保護を受けています。本書の一部あるいは全部について、著者、発行者の許諾を得ずに無断で複写、複製することは禁じられています。

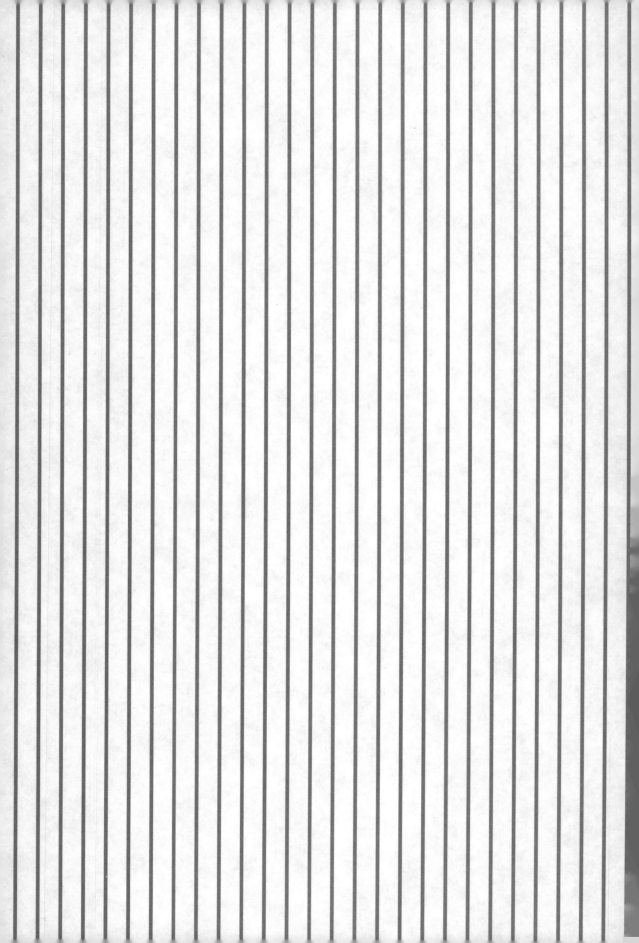